Cocina fácil

para todos

Platos de **cuchara**, recetas **vegetarianas**
Para disfrutar de la **pasta** y la **cocina fusión**
Recetas **clásicas** de la cocina internacional
Carne y **pescado**
Recetas **rápidas** y por **poco dinero**
Dulces y **postres**
Bebidas para **abstemios** y **cócteles** para disfrutar

Cocina fácil
para todos

everest

Recetas para...

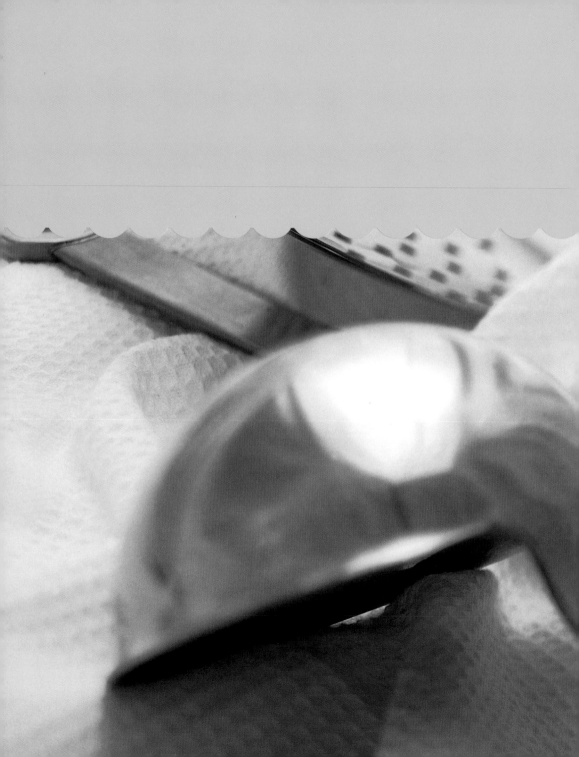

Recetas para...

Los amantes de la cuchara

Sopas y potajes para cada ocasión

Recetas rápidas

Cazuela asiática

PARA 4 PERSONAS

➤ 200 g (7 oz) de setas shiitake │ 1 manojo
de rabanitos con hojas (400 g –14 oz–) │
150 g (5 oz) de vainas de guisante │
2 muslos de pollo (de la sección de congelados) o ½ pollo cocido │ 1 l (35 fl oz)
de caldo de pollo │ 3 cs de salsa de soja │
2 cs de vino chino de arroz (o jerez o caldo)

1 │ Lavar las setas y cortarlas en rodajas
finas. Limpiar y lavar los rabanitos, retirar
las hojas y cortarlos en rodajas finas.
Limpiar, lavar y cortar en tiras finas las
vainas de guisantes. Mezclar todo y quitar
la piel al pollo.

2 │ Llevar a ebullición el resto de los
ingredientes. Sacar 4 cs de verduras y llevar
a ebullición el resto de la verdura. Retirar
del fuego y dejar el pollo dentro 3 min.
Servir la sopa en los cuencos y espolvorear la
verdura cruda que tenemos reservada.

Sopa de cebolletas

PARA 4 PERSONAS

➤ 8 cebolletas │ ½ ct de azúcar │
2 cs de mantequilla │ ¼ l (9 fl oz) de
sidra seca │ 1 l (35 fl oz) de caldo de
pescado │ 1 hoja de laurel │ 300 g
(11 oz) de filetes de pescado blanco │
sal │ pimienta de Cayena │ 100 g (4 oz)
de gambas rosadas, cocidas y peladas

1 │ Lavar las cebolletas, limpiarlas, retirar
las hojas de color verde oscuro y cortarlas
en rodajas. Rehogarlas 3 min a fuego lento
con la mantequilla y el azúcar. Añadir
5 cs de sidra y reducir. Cocer 5 min con
el resto de la sidra, el caldo y el laurel.

2 │ Cortar el pescado en rodajas finas y
distribuirlo en platos hondos. Condimentar
la sopa de cebolletas con sal y pimienta
de Cayena, incorporar las gambas, regar
el pescado con la sopa caliente y servir de
inmediato.

Sopa de zanahorias

PARA 4 PERSONAS

➤ 100 g (4 oz) de tofu | 1 ct de salsa de soja | 4 cebolletas | 3 cs de mantequilla | 3 cs de *curry* en polvo | ³/₄ l (26,5 fl oz) de zumo de zanahorias | 100 ml (3,5 fl oz) de zumo de naranja | sal | pimienta negra

1 | Cortar el tofu en dados, mezclarlo con la salsa de soja y reservar. Lavar las cebolletas y quitarles las hojas más oscuras. Cortar longitudinalmente y por la mitad 1 de las cebolletas y reservar 4 de las partes exteriores. Cortar en juliana el resto de cebolletas y rehogar 5 min en 2 cs de mantequilla.

2 | Rehogar el *curry* en otra cazuela con la mantequilla restante. Incorporar los zumos, llevar a ebullición, sazonar y batir hasta lograr una mezcla espumosa. Añadir el tofu, enrollar las partes exteriores del tallo de las cebolletas a modo de pajitas, moler y espolvorear la pimienta.

Sopa de cebollino

PARA 4 PERSONAS

➤ 4 manojos de cebollino | 3 yemas de huevo | 100 g (4 oz) de nata líquida | 100 g (4 oz) de salmón ahumado | 600 ml (20 fl oz) de caldo de pescado | 50 ml (2 fl oz) de vino blanco | 200 g (7 oz) de crème fraîche | sal | pimienta blanca

1 | Lavar el cebollino y escurrirlo. Cortar 2 manojos de cebollino en trozos grandes. Partir los restantes en trocitos pequeños y batirlos con las yemas de huevo y la nata.

2 | Llevar a ebullición el caldo de pescado, el vino y la *crème fraîche*, y retirar del fuego. Agregar los trozos grandes de cebollino, mezclar y dejar reposar 5 min. Colar la sopa, retirar ½ taza y mezclarla con el batido de nata y huevos, incorporar a la sopa y remover. Salpimentar, volver a poner al fuego y retirar antes de que llegue a ebullición. Finalmente, añadir el salmón en tiras.

mediterránea | vegetariana

Sopa de verano con alioli

PARA 4-6 PERSONAS

➤ 1 coliflor pequeña | 400 g (14 oz) de judías verdes

1/4 kg (9 oz) de tomates cherry | 3 dientes de ajo

1 hebra de azafrán | 4 ramas de tomillo fresco (o 1/2 ct de tomillo seco)

sal | 1 hoja de laurel | 1 manojo de albahaca | pimienta

120 g (4,2 oz) de mayonesa

🕑 Elaboración: 45 min

➤ Aprox. 185 kcal por ración

1 | Limpiar la coliflor, partir los ramilletes al gusto y lavarlos. Lavar, limpiar y cortar las judías verdes en trozos de aprox. 3 cm (1,18 pulgadas) de largo. Lavar los tomates y partirlos en cuartos. Pelar el ajo. Meter el azafrán en 5 ct de agua caliente. Lavar el tomillo, escurrirlo y separar las hojas.

2 | Llevar a ebullición 1,5 l (52 fl oz) de agua con 1/2 ct de sal, el ajo, el laurel y el tomillo, añadir las judías verdes, incorporar la coliflor 3 min después y cocer 8-10 min hasta que la verdura esté al dente. Mientras, lavar la albahaca,

escurrir el agua y cortar las hojas en trozos grandes.

3 | Sacar de la sopa el laurel y el ajo y reservar este. Añadir a la sopa los tomates *cherry*, el azafrán y el agua en la que lo hemos puesto en remojo y llevar a ebullición. Salpimentar la sopa y retirar del fuego. Mezclar con la albahaca, tapar y dejar reposar 5 min.

4 | Mientras, triturar el ajo con un tenedor y mezclar con la mayonesa. Distribuir la sopa en platos hondos y colocar encima 1 ct de mayonesa con ajo.

➤ Acompañamiento: *baguette* tostada.

➤ Bebida: beber antes, como entrante, un licor de anís. La sopa se acompaña de un vino rosado frío o de un vino tinto joven.

CONSEJO

El alioli casero

Decir que el alioli es mayonesa con ajo es algo tan inexacto como llamar *pesto* a la salsa de albahaca. En la Provenza, la salsa batida con aceite de oliva es un «elixir de vida», como el café de la mañana o el licor de anís de después de comer. Allí sirve como condimento, como crema para untar, como acompañamiento de sopas o como plato fuerte con verduras, bacalao y huevos, y siempre se hace en casa. **Para aprox. 200 g (7 oz) de alioli:** pelar 3-5 ajos (al gusto), machacarlos con la trituradora (también se puede hacer al modo tradicional, cortando los ajos en trozos grandes, añadiéndoles sal y machacándolos en el mortero). Mezclar el ajo con 1 yema de huevo y unas gotas de zumo de limón, batir con una batidora de mano o eléctrica e ir incorporando 150-200 ml (5-7 fl oz) de aceite de oliva. A los amantes del aceite de oliva les gusta el alioli hecho exclusivamente con aceite de oliva; el resto lo preparan a partes iguales con mitad de aceite de oliva y la otra mitad de aceite vegetal (así resulta más suave). Después, rectificar el sabor con sal, limón y pimienta de Cayena.

picante | para invitados
Guiso rojo

PARA 4 PERSONAS

➤ 100 g (4 oz) de mantequilla blanda | 50 g (2 oz) de parmesano fresco rallado ½ ct de zumo de limón | sal | pimienta | 2 cebollas rojas | ½ chile rojo fresco (al gusto) | 2 pimientos rojos | 1 cs pimentón dulce 1 lata de tomate pelado (de 400 g –14 oz–) | 100 ml (3,5 fl oz) de vino tinto afrutado | una pizca de azúcar

🕐 Elaboración: 40 min
➤ Aprox. 305 kcal por ración

1 | Trabajar una masa con 50 g (2 oz) de mantequilla, el parmesano y el zumo de limón, y salpimentar. Enrollar e introducir en el frigorífico.

2 | Pelar las cebollas y cortarlas en dados. Limpiar, quitar las semillas y picar el chile en trozos pequeños. Lavar, limpiar y cortar los pimientos en dados.

3 | Rehogar la cebolla y el chile 10 min en el resto de la mantequilla con la sartén tapada; añadir los trozos de pimiento y el pimentón, incorporar después el tomate, el vino tinto y ½ l (17 fl oz) de agua y llevar a ebullición.

4 | Condimentar el guiso con sal, pimienta y azúcar y cocer 15-20 min hasta que el pimiento esté blando. Triturar un poco, distribuir en los platos y poner una rodaja de mantequilla de parmesano en cada plato.

➤ Acompañamiento: *baguette* con pan de ajo.
➤ Bebida: vino tinto afrutado.

un clásico
Guiso blanco

PARA 4 PERSONAS

➤ 1 puerro | 1 colinabo | 2 cs de mantequilla | 2 cs de harina | 1 l (34 fl oz) de caldo de verduras frío ¼ l (9 fl oz) de leche | sal | pimienta | nuez moscada | 150 g (5 oz) de alubias cocidas (envasadas) | 50 g (2 oz) de nata líquida

🕐 Elaboración: 40 min
➤ Aprox. 305 kcal por ración

1 | Limpiar, partir el puerro longitudinalmente por la mitad y lavar las dos mitades. Cortar en tiras las hojas de color verde claro y la parte blanca y reservarlas por separado. Pelar el colinabo, cortarlo en bastoncitos y después, en rodajas finas.

2 | Rehogar en la mantequilla la parte blanca del puerro 3 min a fuego suave y, con la sartén tapada, añadir el colinabo y rehogar 1 min más, espolvorear con harina y dejarlo sudar un poco. Sacar 5 cs del caldo de verduras, mezclar el resto del caldo con la leche y añadir a la verdura sin dejar de remover. Llevar a ebullición, condimentar con sal, pimienta y nuez moscada, incorporar la verdura a la sopa y cocer 15 min.

3 | Mientras, rehogar 10 min y a fuego lento las hojas de puerro con la mantequilla en una cazuela pequeña tapada, y retirar del fuego cuando estén blandas. Añadir la nata cuando se enfríen.

4 | Probar el guiso, distribuir en platos hondos y añadir 1 cs de crema de puerros.

➤ Acompañamiento: pan de hogaza.

energética | facilísima

Sopa de patata tradicional

PARA 4-6 PERSONAS

➤ 2 manojos de verduras
para sopa | ¹/₄ kg (9 oz)
de panceta

1 kg (2,2 lb) de patatas poco
cocidas | 1 cs de aceite

¹/₂ ct de semillas de comino |
1 ct de mejorana seca

1,5 l (52 fl oz) de caldo
de ternera o de caldo de
verduras | sal | pimienta |
nuez moscada

100 g (4 oz) de mantequilla
a la finas hierbas

🕐 Elaboración: 40 min

➤ Aprox. 500 kcal por ración
(para 6 personas)

1 | Lavar y limpiar o pelar
la verdura. Cortar los
tubérculos en dados de
1 cm (0,4 pulgadas) y hacer lo
mismo con el puerro. Lavar
las patatas, pelarlas y cortarlas
en trozos del mismo tamaño.

2 | Poner al fuego una cazuela
grande con el aceite y freír
la panceta hasta que esté
crujiente; sacarla y reservar.
Rehogar la verdura picada,
los cominos y la mejorana en
el aceite de freír la panceta;
añadir el caldo, las patatas y

el borde de la panceta y cocer
15-20 min.

3 | Retirar el borde de la
panceta; sacar también la
mitad de la sopa, ponerla
en otra olla y triturarla ahí.
Echar la sopa triturada en la
primera olla y condimentarla
con sal, pimienta y nuez
moscada.

4 | Dividir la mantequilla en
4 o 6 porciones, volver a
calentar la sopa y servirla en
platos hondos; poner una
porción de mantequilla en
cada plato y llevar a la mesa
de inmediato.

➤ Acompañamiento:
pan de hogaza.

➤ Bebida: cerveza rubia.

CONSEJO

Sopa de patata de Saboya

¿Un guiso sin más? No lo es para las amas de casa francesas,
que han desarrollado una versión más completa y sofisticada
de la sopa de patata llamada potage garbure, una especie
de caldo claro con pan de verduras gratinado. También se
puede elaborar sobre una base de repollo o de berza,
aunque en Saboya se prepara casi siempre con patatas.
Receta: seguir los mismos pasos de la receta anterior para
hacer una sopa de patata para 6 personas y colarla. Mante-
ner el caldo caliente, triturar bien la verdura y untarla en el
pan frito con mantequilla, espolvorear 150 g (5 oz) de queso
rallado (*gruyer* o *raclette*), colocar los panes en una bandeja
de horno y situar la bandeja en la parte superior a 250 ºC
(480 ºF) hasta que funda el queso; poner los panes en platos
hondos, echar la sopa alrededor y ¡que aproveche!

clásica | reanimante
Sopa griega de arroz

Avgolemono

PARA 4 PERSONAS

➤ 1 limón con piel | 3 dientes de ajo | 1 l (35 fl oz) de caldo de pollo

1 hoja de laurel | 80 g (3 oz) de arroz

1/4 kg (9 oz) de calabacines pequeños | 2 huevos

2 ct de eneldo picado

sal | pimienta

⏱ Elaboración: 45 min

➤ Aprox. 570 kcal por ración

1 | Lavar los limones, secarlos y rallar la piel. Exprimir el zumo. Pelar el ajo y partirlo por la mitad. Llevar a ebullición el caldo con la cáscara de limón, el ajo y el laurel. Añadir el arroz y cocer 15 min hasta que esté al dente.

2 | Lavar los calabacines, añadirlos enteros a la sopa y cocerlos 15 min. Mientras, batir los huevos con el zumo del limón, el eneldo y 2 cs de sopa.

3 | Sacar los calabacines de la sopa. Poner al fuego los huevos batidos y remover. Salpimentar la sopa y dejar que repose 2 min. Mientras, cortar los calabacines en rodajas y distribuir en platos soperos precalentados. Echar la sopa de arroz sobre las rodajas de calabacín y servir.

exótica | para invitados
Sopa caribeña de boniato

PARA 4 PERSONAS

➤ 400 g (14 oz) de filetes de pescado blanco (p. ej., bacalao) | 2 limas

150 g (5 oz) de beicon ahumado en lonchas

2 cebollas | 3 tallos de apio | 1/4 kg (9 oz) de tomates *cherry* | 400 g (14 oz) de boniatos (o patatas muy cocidas)

5 ramas de tomillo fresco

1 rama pequeña de canela (3 cm –1,18 pulgadas–)

800 ml (27 fl oz) de caldo de pescado | sal

⏱ Elaboración: 50 min

⏱ Maceración: 1 h

➤ Aprox. 870 kcal por ración

1 | Cortar el pescado en trozos de 2 cm (0,8 pulgadas). Exprimir el zumo de las limas. Mezclar el pescado con el zumo y dejar macerar 1 h en la nevera.

2 | Cortar las lonchas de beicon en tiras. Pelar las cebollas, partirlas en cuartos y después en rodajas. Lavar y limpiar el apio. Reservar unas hojas, cortar el tallo en finas rodajas. Lavar, limpiar los tomates *cherry* y partirlos por la mitad. Pelar los boniatos y cortarlos en rodajas. Lavar el tomillo y atarlo a la rama de canela.

3 | Freír la panceta a fuego suave en una cazuela amplia y sacarla. Freír la cebolla en el mismo aceite hasta que esté transparente. Agregar el caldo, el apio, los boniatos, el tomillo y la canela, y cocer 10 min a fuego suave. Incorporar los tomates y cocer 5 min más. Picar las hojas de apio.

4 | Retirar la sopa del fuego, añadir el pescado con el líquido en el que han estado macerando las hojas de apio y la panceta; tapar y dejar que repose 5 min. Retirar el tomillo y la canela y servir la sopa.

asiática | alegra el corazón

Sopa picante de gambas

PARA 4 PERSONAS

➤ 8 gambas rosadas grandes y sin pelar, frescas o congeladas | 2 tallos de toronjil

1 trozo de jengibre fresco (del tamaño de 1 nuez)

2 chiles rojos | 1 manojo de hojas de cilantro | 5 cs de salsa de pescado asiática (o salsa de soja)

1 l (34 fl oz) de caldo de pollo

3 cs de espesante

3 cs de vinagre de arroz o de vinagre de jerez

🕐 Elaboración: 40 min

🕐 Refrigeración: 1 ½ h

➤ Aprox. 590 kcal por ración

1 | Descongelar las gambas si están congeladas, pelarlas, hacerles una incisión en el lomo y retirar la tripa con la punta de un cuchillo; lavar las gambas y cortarlas a lo largo a la mitad. Lavar las cáscaras.

2 | Lavar el toronjil y machacarlo. Pelar el jengibre y cortarlo en rodajas finas. Lavar los chiles, cortarlos a lo longitudinalmente por y a la mitad y quitarles las semillas. Lavar el cilantro, escurrir el agua y retirar las hojas. Reservar los tallos.

3 | Acercar el caldo al fuego, incorporar las cáscaras de las gambas, el toronjil, el jengibre, los chiles y el tallo del cilantro con la salsa de pescado; llevar a ebullición y cocer suavemente 15 min. Retirar del fuego y colar cuando esté completamente frío.

4 | Calentar la sopa. Mezclar el espesante y el vinagre, remover en la sopa caliente y llevar a ebullición. Incorporar las gambas y el cilantro. Dejar que la sopa repose unos minutos y servir en cuencos.

➤ Acompañamiento: fideos transparentes.

➤ Bebidas: tomarse antes un té verde.

CONSEJOS

Clásico, asiático y picante

➤ Se trata de una leve variación de una sopa asiática clásica. Si tiene el suficiente valor, puede probar el sabor picante de la receta original poniendo el doble de chile y dejando las semillas. Para equilibrar el sabor, necesitará 2 o 3 ct de azúcar y mucha, mucha resistencia.

➤ Tendrá un mejor sabor si al final espesa la sopa batiendo 2 yemas e incorporándolas en el caldo cuando está cociendo suavemente.

asiática | vegetariana

Sopa de maíz

PARA 4 PERSONAS

➤ **3 mazorcas frescas de maíz** (³/₄ kg –26,5 oz–) | **4 cebolletas** | **1 trozo de jengibre** (del tamaño de 1 nuez) | **1 cs de aceite**

1 ¹/₄ l (41 fl oz) de caldo de verduras | **2 cs de vino chino de arroz** (o jerez suave o agua) | **1 ct de azúcar**

4 cs de salsa de soja | **1-2 ct de aceite de sésamo** (o semillas de sésamo tostadas)

🕐 Elaboración: 45 min

➤ Aprox. 330 kcal por ración

1 | Quitar la cáscara y las hebras de la mazorca de maíz, retirar los granos. Lavar las cebolletas, limpiarlas y retirar las hojas de color verde oscuro, cortarlas en rodajas finas y reservar 4 cs. Pelar y rallar el jengibre.

2 | Freír las cebolletas y el jengibre a fuego fuerte 1 min sin dejar de remover. Incorporar el maíz y freír un poco.

3 | Añadir el caldo y llevar a ebullición. Agregar el vino de arroz, el azúcar y la salsa de

soja y cocer 20-30 min hasta que el maíz esté al dente. Rellenar los cuencos con la sopa de maíz, espolvorear el resto de la cebolla y regar con el aceite de sésamo.

➤ Acompañamiento: pasta.

económica | para invitados

Sopa francesa de cebolla

PARA 4 PERSONAS

➤ **Para la sopa:**
   ³/₄ kg (26,5 oz) **de cebollas** | **50 g (2 oz) de mantequilla** | **1 ct de azúcar**
   Una pizca de pimienta de Cayena
   ¹/₄ l (9 fl oz) **de vino blanco seco** | **1 cs de harina**
   1 ¹/₂ l (52 fl oz) de caldo de ternera | **sal**

➤ **Para los panes:**
   ¹/₄ kg (9 oz) **de** *baguette* **en rebanadas**
   80 g (3 oz) de queso *gruyer* **rallado**
   40 g (1 ¹/₂ oz) de queso parmesano rallado
   1-2 ct de mostaza de Dijon

🕐 Elaboración: 1 ¹/₄ h

➤ Aprox. 500 kcal por ración

1 | Pelar las cebollas y cortarlas en aros finos. Derretir la mantequilla en una cacerola amplia y rehogar la cebolla tapada 10 min a fuego medio. Espolvorear con azúcar y pimienta de Cayena, destapar y rehogar a fuego lento 20 min removiendo de vez en cuando hasta que la cebolla esté dorada.

2 | Añadir ¹/₈ l (4 fl oz) de vino a la cebolla y reducir. Agregar la harina y dejarla 2 min. Incorporar el caldo y el resto del vino y cocer 30 min a fuego suave.

3 | **Para los panes:** dorar las rebanadas de *baguette* en el grill o en una sartén por las dos caras. Mezclar el queso *gruyer*, el parmesano y la mostaza, y untar el pan. Poner los panes en el grill hasta que se funda el queso. Distribuir la sopa caliente en cuencos con los panes dentro.

CONSEJO

La sopa francesa de cebolla clásica se elabora con caldo de ternera, pero también se puede preparar con caldo de verduras.

especialidad española

Gazpacho con huevo

PARA 4 PERSONAS

➤ 2 rebanadas
de pan tostado
2 chalotas | 1 diente de ajo
600 g (21,2 oz)
de tomates carnosos
1 pepino
1 pimiento amarillo
y otro verde
3 cs de aceite de oliva
2 cs de vinagre de vino
3 huevos
sal | pimienta

🕐 Preparación: 25 min
🕐 Tiempo de enfriamiento: 1 h
➤ Aprox. 210 kcal por ración

1 | Poner a remojo
brevemente el pan tostado en
agua fría y escurrirlo. Pelar las
chalotas y el ajo y trocearlos
gruesamente. Escaldar los
tomates, pelarlos, partirlos por
la mitad, quitarles las semillas
y cortarlos en daditos.

2 | Lavar el pepino y los
pimientos, limpiarlos
y cortarlos en daditos.
Mezclarlos y reservar 4 cs.
Triturar el resto con las

chalotas, el ajo, los tomates
y el pan. Condimentar el
puré con aceite, vinagre, sal
y pimienta, taparlo y meterlo
en el frigorífico 1 h.

3 | Cocer los huevos 10 min.
Refrescarlos, dejar que se
enfríen, pelarlos y picarlos.
Comprobar la condimentación
del gazpacho. Repartirlo en
platos y espolvorearlo con los
dados de verdura restantes y
los huevos picados.

➤ Acompañamiento:
curruscos de pan blanco
y aceitunas.

fácil | económica

Sopa de cebada con verdura de raíz

PARA 4 PERSONAS

➤ 100 g (4 oz) de cebada
perlada
2 cebollas pequeñas
2 cs de aceite de colza
1 ½ l (52 fl oz) de caldo
de verduras
1 ct de mejorana seca
2 hojas de laurel
400 g (14 oz) de zanaho-
rias, puerro y apio nabo

½ manojo de perejil
4 cs de crema agria
sal | pimienta

🕐 Preparación: 40 min
➤ Aprox. 245 kcal por ración

1 | Lavar la cebada en un
colador y dejar que escurra.
Pelar las cebollas y cortarlas
en daditos. Calentar aceite en
una cazuela. Dorar las cebollas
y tostar la cebada ligeramente.
Añadir 1 ½ l (52 fl oz) de caldo
de verduras, mejorana y laurel.
Llevar todo a ebullición,
taparlo y dejar que se haga a
fuego medio 20 min.

2 | Mientras tanto, pelar las
verduras, lavarlas y cortarlas
en daditos muy pequeños.
Lavar el perejil y quitarle las
hojitas.

3 | Agregar la verdura troceada
a la cebada. Condimentar la
sopa y dejar que se haga
15 min más a fuego lento hasta
que las verduras y la cebada
estén en su punto. Añadir
el resto del caldo. Retirar las
hojas de laurel.

4 | Picar fino el perejil y
mezclarlo con la sopa y la
crema agria. Salpimentar.

especialidad del Caribe
Lentejas
con piña

PARA 4 PERSONAS

➤ 350 g (12,3 fl oz)
de lentejas pardinas

2 hojas de laurel

1 cebolla grande

1 manojo de verduras para
sopa (p. ej., perejil, zanahoria, puerro, apio)

600 g (21,2 oz) de
patatas de carne compacta

3 cs de aceite de colza

3 ct de caldo de verduras
instantáneo

300 g (11 oz) de pulpa
de piña │ 2 cs de zumo
de limón

sal │ pimienta negra

pimienta de Cayena

🕐 Preparación: 50 min
➤ Aprox. 500 kcal por ración

1│Cubrir las lentejas y las
hojas de laurel con agua fría,
taparlas y hervirlas a fuego
medio durante 20 min.

2│Mientras tanto, pelar la
cebolla y picarla finamente.
Lavar la verdura para sopa,
limpiarla y cortarla en
daditos. Lavar las patatas,
pelarlas y cortarlas en dados
de 1 cm (0,4 pulgadas).

3│Calentar aceite y rehogar
la cebolla y las verduras para
sopa. Añadir las patatas y
las lentejas junto con el agua
de cocción. Verter 800 ml
(27 fl oz) de agua y
enriquecerlos con caldo de
verduras y pimienta negra.
Llevar todo a ebullición, taparlo
y dejar que se haga a fuego lento
15-20 min hasta que las lentejas
y las patatas estén blandas.

4│Trocear la piña y echarla
en el guiso. Condimentarlo
generosamente con sal,
pimienta negra, pimienta de
Cayena y zumo de limón.

oriental │ económica
Guiso
de garbanzos

PARA 4 PERSONAS

➤ 2 botes de garbanzos
(400 g –14 oz– cada uno)

3 pimientos verdes │ sal

2 cebollas │ 2 dientes de
ajo │ 3 cs de aceite de oliva

1 ½ l (52 fl oz) de caldo
de verduras

3 tomates carnosos

½ ct de *harissa* (pasta
de especias picantes)

200 g (7 oz) de yogur

2 ct de comino molido

🕐 Preparación: 55 min
➤ Aprox. 365 kcal por ración

1│Escurrir los garbanzos.
Lavar los pimientos, partirlos
por la mitad, limpiarlos y
cortarlos en trozos tamaño
bocado. Pelar las cebollas y el
ajo, y cortarlos en daditos.

2│Calentar el aceite y dorar
las cebollas y el ajo. Rehogar
brevemente los pimientos
y los garbanzos. Verter el
caldo y condimentarlo con
sal y comino. Llevar todo a
ebullición y mantenerlo a
fuego lento durante 20 min.

3│Mientras tanto, escaldar
los tomates, pelarlos, partirlos
por la mitad y trocearlos.
Echarlos en el guiso y dejar
que se hagan otros 10 min.

4│Condimentar el guiso
con sal y *harissa*, y servirlo
en platos hondos. Añadir
1 cs de yogur por encima.

➤ Acompañamiento: rebana-
das finas de pan de maíz
o sésamo.

Recetas para...

Los vegetarianos
sin solución

Productos frescos y saludables

Recetas rápidas

Verduras al *curry*

PARA 4 PERSONAS

➤ 2 cs de aceite | 1 cs de pasta de *curry* roja | 400 ml (14 fl oz) de leche de coco no azucarada (de bote) | 600 g (20 fl oz) de verduras chinas congeladas | ¼ kg (9 oz) de tofu de hierbas | 3 cs de salsa clara de soja | sal | pimienta

1 | Calentar aceite en un *wok* y freír la pasta de *curry* durante 2 min. Verter la leche de coco y 100 ml (3,5 fl oz) de agua y llevar todo a ebullición sin dejar de removerlo.

2 | Añadir las verduras, taparlas y dejar que se hagan a fuego lento durante 10 min. Cortar el tofu en dados y agregarlo. Condimentar el plato con *curry* y salsa de soja, sal y pimienta, y servirlo con arroz *basmati*.

Ñoquis a las hierbas

PARA 4 PERSONAS

➤ 800 g (28 oz) de ñoquis | 1 manojo de hierbas variadas | 4 cs de mantequilla | 100 ml (3,5 fl oz) de caldo de verduras | 4 cs de parmesano recién rallado | sal | pimienta

1 | Cocer los ñoquis en agua con sal según las instrucciones del paquete. Lavar las hierbas, sacudirlas para secarlas y picar unas cuantas hojitas.

2 | Calentar la mantequilla y el caldo en una sartén grande. Saltear los ñoquis escurridos. Añadir las hierbas. Salpimentar los ñoquis y rociarlos con las hojitas de hierbas picadas y el parmesano.

Escarola con calabaza

PARA 4 PERSONAS

➤ 1 escarola │ 1 tarro de calabaza en
conserva (peso escurrido: 200 g –7 oz–)
│ 2 cs de aceite de girasol │ 2 cs de
vinagre de vino blanco │ 1 cs de salsa
de soja │ ½ ct de *curry* en polvo │
¼ ct de Sambal Oelek │ ½ ct de cilantro
verde picado │ sal │ pimienta

1 │ Lavar la escarola, escurrirla y trocearla.

2 │ Escurrir la calabaza en un colador.
Triturar 2/3 con el aceite, el vinagre, la
salsa de soja, el *curry* en polvo y el *Sambal
Oelek* hasta formar una salsa espesa,
salpimentar y añadir el cilantro.

3 │ Disponer en una fuente la escarola y el
resto de la calabaza, y rociar con la salsa.
Remover bien antes de servir.

Ensalada de canónigos y nueces

PARA 4 PERSONAS

➤ 400 g (14 oz) de canónigos │
4 cs de nueces peladas │ 150 g (5 oz)
de yogur │ 3 cs de *aceto balsamico*
│ sal │ pimienta

1 │ Lavar los canónigos, escurrirlos y
ponerlos en una fuente.

2 │ Picar 1 cs de las nueces peladas y
disponerlas en una fuente junto con el
yogur y el *aceto balsamico*. Remover bien
y, a continuación, salpimentar.

3 │ Verter la salsa sobre los canónigos
y decorar la ensalada con el resto de las
nueces.

para bufé | económica

Tomates *cherry* rellenos

PARA 4 PERSONAS

- ➤ 1 cebolleta
  1 manojo de perejil
  200 g (7 oz) de queso fresco
  3 cs de nata
  1 cs de vinagre de vino blanco
  12 tomates *cherry* con el pedúnculo
  sal | pimienta de Cayena

🕒 Preparación: 25 min
➤ Aprox. 110 kcal por ración

1 | Limpiar las cebolletas, lavarlas y cortarlas en aros muy finos. Lavar el perejil, sacudirlo para secarlo y picar finamente la mitad de las hojitas.

2 | Mezclar bien el queso fresco con la nata y el vinagre. Añadir el perejil picado y la cebolleta. Si la masa queda muy espesa, agregar un poco de agua. Condimentar con sal y pimienta de Cayena.

3 | Lavar y secar los tomates. Cortar el pedúnculo en forma de tapa y sacar cuidadosamente la pulpa con una cucharilla.

4 | Rellenar los tomates con la masa de queso fresco y colocar la tapa. Espolvorear los tomates con el resto de hojitas de perejil.

➤ Bebida: prosecco o un vino blanco ligero bien frío.

asiatica | afrutada

Rollitos de papel de arroz

PARA 4 PERSONAS

- ➤ 100 g (3,5 oz) de tus brotes favoritos (p. ej., brotes de mungo)
  100 g (3,5 oz) de lechuga romana
  1 manojo de albahaca tailandesa (o europea, en su defecto)
  $1/4$ de pepino
  1 papaya grande
  16 hojas de papel de arroz (de 16 cm –6,4 pulgadas–)
  50 ml (2 fl oz) de caldo de verduras
  4 cs de zumo de limón
  5 cs de salsa clara de soja
  $1/2$ ct de Sambal Oelek

🕒 Preparación: 30 min
➤ Aprox. 35 kcal por ración

1 | Lavar los brotes, la lechuga y la albahaca y escurrirlos. Cortar la lechuga en trozos grandes. Lavar los pepinos, cortarlos a lo largo en cuartos, quitarles las semillas y trocearlos en tiras cortas y gruesas.

2 | Cortar la papaya longitudinalmente por la mitad, quitarle el hueso y pelarla. Cortar las mitades transversalmente por la mitad y trocearlas en tiras gruesas.

3 | Para el relleno, colocar 2 hojas de papel de arroz una sobre otra y sumergirlas brevemente en un bol con agua templada. Ponerlas una al lado de la otra. Colocar sobre cada pareja de papeles los brotes, la lechuga, la albahaca, el pepino y la papaya, y formar un rollito con el papel.

4 | Para el *dip*, mezclar el caldo de verduras, el zumo de limón, la salsa de soja y el Sambal Oelek. Servirlo inmediatamente junto a los rollitos de papel de arroz.

para invitados |
económica

Verduras con lechuga romana

PARA 4 PERSONAS

➤ 150 g (5 oz) de calabacines finos y 150 g (5 oz) de berenjenas

1/4 kg (9 oz) de champiñones

2 cs de aceite de oliva

1 lechuga romana

1 manojo de perejil

2 cs de vinagre de vino blanco

1/2 ct de mostaza

2 cs de aceite de nuez

sal | pimienta

papel de horno para la bandeja

🕙 Preparación: 25 min

➤ Aprox. 120 kcal por ración

1 | Calentar el horno a 250 ºC (480 ºF). Cubrir la bandeja del horno con papel. Lavar y limpiar los calabacines y las berenjenas. Limpiar los champiñones. Cortar todo en rodajas muy finas.

2 | Condimentar las rodajas de verdura con aceite de oliva y un poco de pimienta, y extenderlas en la bandeja. Meterlas en el horno durante unos 12 min hasta que queden crujientes, dándoles la vuelta de vez en cuando.

3 | Mientras tanto, separar las hojas de la lechuga una por una, lavarlas y sacudirlas para secarlas. Lavar el perejil y quitarle las hojitas. Preparar un aliño con vinagre, mostaza, sal, pimienta y aceite de nuez.

4 | Aliñar la lechuga y servirla en platos con las verduras y las hojitas de perejil.

➤ Acompañamiento: pan blanco o *baguette*.

asiática | rápida

Espinacas con salsa de sésamo

PARA 4 PERSONAS

➤ 600 g (21,2 oz) de espinacas congeladas

2 cs de semillas de sésamo peladas

2 cs de pasta de sésamo (envasada)

2 ct de aceite de sésamo

4 cs de salsa clara de soja

4 cs de caldo de verduras (o agua)

1/2 ct de azúcar | pimienta

🕙 Preparación: 20 min

➤ Aprox. 100 kcal por ración

1 | Descongelar las espinacas según las instrucciones del paquete hasta que estén a temperatura ambiente. Tostar las semillas de sésamo en una sartén seca.

2 | Desleír la pasta de sésamo en un cuenco plano con aceite de sésamo, salsa de soja, caldo y azúcar.

3 | Escurrir las espinacas, mezclarlas con la salsa mientras estén calientes y salpimentarlas. Repartirlas en 4 cuencos, espolvorearlas con las semillas de sésamo tostadas y servirlas calientes o templadas como primer plato.

CONSEJO

Si quieres duplicar el tamaño de la ensalada de espinacas para acompañar unos huevos estrellados con patatas, puedes preparar en poco tiempo un plato principal que saciará el hambre de 4 comensales.

especialidad española

Paella
de verduras

PARA 4 PERSONAS

- ¼ kg (9 oz) de zanahorias
- 200 g (7 oz) de calabacines
- 150 kg (5 oz) de champiñones
- 2 dientes de ajo
- 800 ml (29 fl oz) de caldo de verduras
- 4 cs de aceite de oliva
- 250 g (9 oz) de arroz de grano largo
- ¼ kg (14 oz) de pimientos rojos
- Sambal Oelek
- 200 g (7 oz) de tomates cherry
- sal | pimienta

🕑 Preparación: 1 h
- Aprox. 250 kcal por ración

CONSEJOS

- Para hacer la paella también se pueden utilizar otros tipos de verduras, p. ej., guisantes, vainas tiernas de guisantes, apio, hinojo o cogollitos de brécol. Si le gusta, puede añadir también filetes de pescado en tiras o mariscos. Lo importante al preparar la paella es que se mezclen los aromas, que las verduras estén hervidas al dente y que el pescado o los mariscos queden jugosos. El arroz debe ser muy granulado.

- Si prefiere preparar la paella de la forma típica con arroz español de grano redondo, utilice los tipos bomba, bahía o thainato. Si no los encuentra, también puede recurrir a los tipos de arroz de grano redondo italianos como el arborio o el vialone.

1 | Lavar las verduras y limpiarlas o pelarlas según el tipo. Limpiar los champiñones y partirlos en cuartos. Cortar las zanahorias y los calabacines en tiras de 4 cm (1,6 pulgadas) de longitud. Pelar el ajo y trocearlo.

2 | Llevar a ebullición el caldo de verduras. Al mismo tiempo, calentar 3 cs de aceite en una paellera. En su defecto, utilizar 2 sartenes grandes. Freír el ajo en el aceite. Añadir el arroz y rehogarlo sin parar de removerlo. Incorporar las verduras preparadas y los champiñones, y saltearlos. Salpimentar.

3 | Verter 700 ml (24,6 fl oz) de caldo en el arroz. Dejar que el arroz con las verduras se haga a fuego lento durante 20-25 min hasta que el arroz esté hecho, pero no blando.

4 | Mientras tanto, lavar los pimientos, partirlos por la mitad, limpiarlos y trocearlos. Calentar el aceite restante y freír los pimientos. Añadir 100 ml (3,5 fl oz) de caldo, dejar que hierva durante 10 min y triturarlo. Condimentar el puré con Sambal Oelek y sal.

5 | Salpimentar la paella si procede. Lavar los tomates, partirlos por la mitad y distribuirlos sobre la paella de verduras. Servir el puré de pimientos.

- Bebida: vino tinto seco suave español.

económica
Suflé de albaricoque y arroz

PARA 4 PERSONAS

➤ 1 l (35 fl oz) de leche

¼ kg (9 oz) de arroz

½ ct de vainilla molida

1 bote de albaricoques (825 g –28 oz–)

3 cs de mantequilla

4 huevos | 2 claras

6 cs de azúcar en polvo

2 ct de ralladura de piel de limón

🕐 Tiempo de reposo: 45 min
🕐 Preparación: 30 min
🕐 Tiempo de cocción: 20 min
➤ Aprox. 755 kcal por ración

1 | Hervir la leche. Añadir el arroz y la vainilla, taparlo y dejarlo cocer a fuego lento durante 45 min. Dejar que se enfríe un poco.

2 | Escurrir los albaricoques (utilizar el jugo para otra cosa) y cortarlos en láminas finas. Engrasar un molde de suflé con 2 ct de mantequilla. Calentar el horno a 175 ºC (335 ºF).

3 | Separar los huevos. Mezclar con el arroz las yemas, la mantequilla restante, 3 cs de azúcar en polvo y la ralladura de limón. Batir las claras. Echar la mitad sobre el arroz y verter el azúcar en polvo restante sobre la otra mitad.

4 | Echar la mitad del arroz en el molde, cubrirlo con los albaricoques y verter encima el resto del arroz. Distribuir por encima las claras azucaradas. Meter el suflé en el horno (posición inferior, horno turbo a 160 ºC –320 ºF–) durante 20 min hasta que la superficie se dore ligeramente.

fácil
Pizza de frutas

PARA 4 PERSONAS

➤ 2 bases de *pizza* (congeladas)

¼ kg (9 oz) de fresas

2 cs de azúcar en polvo

1 kg (2,2 lb) de frutas variadas (p. ej., kiwis, nectarinas, frambuesas, uvas)

2 cs de bolitas de coco (tienda de productos dietéticos)

🕐 Preparación: 15 min (+ tiempo de cocción)
➤ Aprox. 435 kcal por ración

1 | Calentar el horno según las instrucciones del envase. Colocar cada base de *pizza* en una bandeja del horno. Pincharlas varias veces con un tenedor y hacerlas en el horno (posición intermedia) según las instrucciones.

2 | Mientras tanto, limpiar las fresas, quitarles el pedúnculo y triturarlas con azúcar en polvo. Lavar el resto de la fruta, limpiarla y trocearla.

3 | Dejar que las bases de *pizza* se enfríen un poco y cubrirlas con la mermelada de fresas. Repartir por encima las frutas decorativamente. Servir la *pizza* de frutas caliente salpicada con bolitas de coco.

CONSEJO
Los tiempos y temperaturas de cocción de las bases de *pizza* congeladas son tan distintos que es necesario seguir las instrucciones del envase.

clásica | facilísima

Ensalada de huevos cocidos

PARA 4 PERSONAS

➤ 8 huevos cocidos

1 pimiento rojo

1 manzana roja

1/2 pepino

2 cs de zumo de limón

1 tarro de pepinillos (peso escurrido: 110 g –4 oz–)

1 manojo de cebollino

1/4 kg (9 oz) de yogur cremoso

1 ct de tabasco

azúcar

sal | pimienta blanca

🕐 Preparación: 25 min

➤ aprox. 261 kcal por ración

1 | Pelar los huevos cocidos y trocearlos en pequeños dados. Lavar el pimiento, la manzana y el pepino. Trocear todo finamente. Mezclarlo en una fuente con el zumo de limón. Verter los pepinillos en un colador, conservando el jugo del tarro. Cortar los pepinillos en rodajas finas y mezclarlas con los huevos. Lavar el cebollino y trocearlo. Reservar 1 cs y mezclar el resto con la ensalada.

2 | Mezclar la mitad del jugo de los pepinillos con el yogur, el tabasco, el azúcar, la sal y la pimienta, y revolver hasta obtener una salsa homogénea. Verter sobre la ensalada y espolvorear con el resto del cebollino.

➤ Bebida: cerveza fresca.

TRUCO También puede espolvorear por encima 1 ct de pimentón dulce o decorar la ensalada con berros.

para invitados | mediterránea

Ensalada de tallarines con rúcula

PARA 4 PERSONAS

➤ 1/4 kg (9 oz) de tallarines

10 cs de aceite de oliva

1 manojo de rúcula

1/4 kg (9 oz) de tomates cereza | 1 calabacín

1 cabeza de ajos

12 langostinos crudos sin pelar | el zumo de 1 limón

sal | pimienta negra

🕐 Preparación: 60 min

➤ Aprox. 525 kcal por ración

1 | Cocer los tallarines al dente en agua con sal, refrescarlos con agua fría y ponerlos en una fuente con 3 cs de aceite de oliva.

2 | Limpiar la rúcula, retirar los rabillos, escurrirla y trocearla. Lavar los tomates y cortarlos en rodajas. Lavar el calabacín y cortarlo en rodajas finas. Partir la cabeza de ajos por la mitad conservando la piel. Pelar los langostinos y extraer el intestino.

3 | Calentar en una sartén 4 cs de aceite, freír las rodajas de calabacín, retirarlas y colocarlas sobre papel de cocina. Salar. Dorar en la misma sartén, en 3 cs de aceite, los langostinos y las dos mitades de la cabeza de ajos por la parte cortada 3 min. Retirar el ajo y salar los langostinos.

4 | Mezclar la rúcula, los tomates y el calabacín junto con los tallarines. Añadir después los langostinos con el aceite de la sartén. Salpimentar al gusto y añadir zumo de limón.

clásica al estilo actual | fácil

Ensalada Caprese

PARA 4 PERSONAS

➤ 400 g (14 oz) de penne rigate

½ kg (17 oz) de tomates cherry

400 g (14 oz) de *mozzarella* en miniporciones

1 tarro de aceitunas negras (peso escurrido: 85 g –3 oz–)

1 rama de albahaca

2 dientes de ajo | sal

4 cs de aceite de oliva

5 cs de *aceto balsamico* blanco | pimienta negra

🕐 Preparación: 35 min
➤ Aprox. 751 kcal por ración

1 | Cocer la pasta al dente en agua con sal, refrescarla con agua fría, escurrirla y disponerla en una fuente.

2 | Lavar los tomates y partirlos por la mitad. Escurrir la *mozzarella* y las aceitunas en un colador. Partir las bolitas de *mozzarella* por la mitad y añadirlas a la pasta, con el tomate y las aceitunas. Lavar la albahaca, reservar unas cuantas hojitas y picar el resto en tiras. Pelar el ajo y picarlo muy fino.

3 | Mezclar la albahaca con el ajo en el aceite, removerlo bien y rociar la ensalada. Rectificar el punto de sal y decorar con las hojas de albahaca restantes.

➤ Variante: espolvorear con piñones tostados.
➤ Bebida: Piave del Véneto.

fácil | apropiada para primer plato

Ensalada de calamares y puerros

PARA 4 PERSONAS

➤ 700 g (24,6 oz) de calamares

2 puerros

1 manojo de perejil

2 dientes de ajo

6 cs de aceite de oliva

2 cs de vino blanco

3 cs de vinagre de jerez

2 cs de zumo de naranja

1 limón

sal | pimienta blanca

🕐 Preparación: 25 min
🕐 Marinado: 1 h
➤ Aprox. 267 kcal por ración

1 | Limpiar los calamares y cortarlos en aros finos. Lavar los puerros y cortarlos también en aros finos. Lavar el perejil y picarlo muy menudo. Pelar el ajo y cortarlo en láminas finas.

2 | Freír los calamares, junto con el ajo, en 2 cs de aceite de oliva durante 1-2 min. A continuación, añadir el puerro, darle varias vueltas y retirar del fuego. Salpimentar.

3 | Mezclar el vino blanco, el vinagre y el zumo de limón, y verterlo sobre los calamares. Añadir el perejil y el aceite restante y dejar reposar todo durante al menos 1 h. Cortar el limón en rodajas. Servir la ensalada en los platos y decorar con el limón.

➤ Bebida: Trebbiano.

CONSEJOS

➤ En vez de calamares frescos, puede utilizar también anillas de calamar congeladas.

➤ El plato resultará más atractivo si fríe unos dados de pimiento rojo con los calamares.

también como entrante |
fácil

Ensalada de hoja de roble con cantarelas fritas

PARA 4 PERSONAS

- ➤ 1 lechuga de hoja de roble
  400 g (14 oz) de cantarelas
  2 chalotas | 1 ramillete de perejil
  4 cs de aceite de oliva
  una pizca de nuez moscada recién rallada
  1 cs de mantequilla
  3 cs de *aceto balsamico*
  1 ct de azúcar
  sal | pimienta blanca

○ Preparación: 25 min
➤ Aprox. 143 kcal por ración

1 | Lavar la lechuga, trocearla y disponerla en una fuente. Limpiar las cantarelas y partir las grandes por la mitad. Pelar las chalotas y trocearlas en dados. Lavar el perejil y picarlo fino.

2 | Calentar en una sartén 1 cs de aceite y freír las chalotas y las cantarelas. Salpimentar y añadir la nuez moscada. Finalmente, agregar el perejil y la mantequilla y dejar que esta se derrita.

3 | Mezclar el *aceto balsamico* con sal, azúcar y el resto del aceite hasta obtener una salsa homogénea y rociar con ella la ensalada. Repartir por encima las cantarelas y servir de inmediato.

- ➤ Variante: puede sustituir las cantarelas por setas de cardo u otro tipo de boletos.
- ➤ Acompañamiento: picatostes con piñones y ajo.
- ➤ Bebida: vino blanco.

apetitosa | rápida

Lollo rosso con boletos

PARA 4 PERSONAS

- ➤ 1 *lollo rosso* (lechuga rizada de hoja morada)
  8 níscalos
  2 cs de zumo de limón
  3 ct de aceite de níscalos (puede sustituirlos por rebozuelos)
  3 cs de *aceto balsamico* blanco | 4 cs de aceite de girasol
  4 cs de pistachos, picados gruesos
  sal | pimienta blanca

○ Preparación: 20 min
➤ Aprox. 192 kcal por ración

1 | Lavar la lechuga, escurrirla y trocearla. Disponerla en una fuente.

2 | Limpiar los níscalos, cortarlos en tiras finas a lo largo y repartirlos por la ensalada. Rociar todo con zumo de limón y aceite de níscalos, y salpimentar.

3 | Mezclar el *aceto balsamico* y el aceite con sal y pimienta, y aliñar la ensalada. Decorar con los pistachos picados.

- ➤ Variante: los níscalos también pueden dorarse en mantequilla antes de añadirse a la ensalada.
- ➤ Acompañamiento: pan de centeno tostado.
- ➤ Bebida: vino afrutado.

CONSEJO
Resulta algo más caro, pero muy sabroso, si se sustituye el aceite de níscalos por aceite de trufas. Una alternativa más económica es utilizar aceite de avellana.

fácil | suave

Ensalada de lechuga *iceberg* con pepino y champiñones

PARA 4 PERSONAS

➤ 1 lechuga *iceberg*
  $1/2$ pepino | 1 colinabo
  8 champiñones
  1 manojo de cebollino
  1 limón
  1 ct de azúcar
  $1/4$ kg (9 oz) de yogur cremoso
  100 g (3,5 oz) de semilla de anacardo
  sal | pimienta blanca

🕑 Preparación: 25 min
➤ Aprox. 253 kcal por ración

1 | Retirar las hojas exteriores de la lechuga *iceberg*; cuartear el resto, cortarla en tiras, lavarlas y escurrirlas. Pelar el pepino, cortarlo por la mitad longitudinalmente, retirar las semillas y cortarlo en aros. Lavar el colinabo, pelarlo y partirlo por la mitad. Limpiar los champiñones. Cortar el colinabo y los champiñones en tiras finas. Disponer todo en una fuente y removerlo. Lavar el cebollino y cortarlo menudamente.

2 | Lavar el limón con agua caliente. Rallar la piel y reservarlo. Exprimir el limón y mezclar el zumo obtenido con el azúcar, el yogur, la sal y la pimienta y la mitad del cebollino.

3 | Dorar las semillas de anacardo en una sartén caliente sin aceite. Verter la salsa sobre la ensalada y espolvorear con el resto del cebollino, la ralladura de limón y las semillas de anacardo.

➤ Acompañamiento: pescado frito.
➤ Bebida: vino blanco.

bomba vitamínica

Ensalada de remolacha con naranjas

PARA 4 PERSONAS

➤ 4 naranjas
  2 cebollas moradas
  $1/4$ kg (9 oz) de queso camembert
  4 remolachas precocidas
  3 cs de *aceto balsamico* blanco
  5 cs de aceite de girasol
  1 bandejita de berros
  sal | pimienta blanca

🕑 Preparación: 25 min
➤ Aprox. 345 kcal por ración

1 | Pelar las naranjas. Cortarlas en gajos, retirando la piel blanca, y reservar el zumo desprendido.

2 | Pelar las cebollas y cortarlas en aros finos. Cortar el camembert en lonchas. Pelar la remolacha, cortarla en tiras finas y disponerla en platos. Repartir los aros de cebolla, los gajos de naranja y el queso sobre los platos.

3 | Mezclar el zumo de la naranja con vinagre y aceite, salpimentar, remover bien y distribuir sobre la ensalada. Retirar los rabillos de los berros, trocearlos y decorar la ensalada con ellos.

➤ Acompañamiento: pan de centeno.
➤ Bebida: beaujolais.

Recetas para...

Los apasionados de la pasta

Los clásicos italianos y las últimas novedades

Recetas rápidas

Pan de *pizza* clásico

PARA 2 PERSONAS

➤ ½ dado de levadura (21 g −0,8 oz−) │ 1 ct de azúcar │ ¼ kg (9 oz) de harina │ ½ ct de sal │ 2 cs de aceite de oliva │ 1 vaso de salsa de tomate con concentrado de tomate

1 │ Mezclar la levadura con el azúcar y 75 ml (2,5 fl oz) de agua tibia. Verter la harina en una fuente, hacer un agujero en el centro y agregar la levadura. Cubrir y dejar que suba 15 min. Después, añadir ½ ct de sal, el aceite y 75 ml (2,5 fl oz) de agua tibia, y trabajar el conjunto hasta obtener una masa elástica. Cubrir y dejar 45 min hasta que suba.

2 │ Precalentar el horno a 250 °C (480 °F). A continuación, extender la masa fina y untarla con salsa de tomate. Cocinar en el horno (abajo) durante 6-8 min.

Focaccia

PARA 2 PERSONAS

➤ ½ dado de levadura (21 g −0,8 oz−) │ 1 ct de azúcar │ ¼ kg (9 oz) de harina │ ½ ct de sal │ 6 cs de aceite de oliva │ 80 g (3 oz) de tomates secos en aceite │ 4 ct de tomillo seco │ sal marina

1 │ Preparar la masa con la levadura y dejar que suba como se indica en la receta anterior. Después, extender la masa fina y dejar que suba otros 15 min. Precalentar el horno a 250 °C (480 °F). Cortar los tomates en tiras. Mezclar el resto de aceite de oliva con el tomillo.

2 │ Hacer agujeros hondos de forma uniforme por toda la masa. Añadir los tomates y rociar con el aceite de tomillo. Espolvorear un poco de sal por encima. Cocinar en el horno durante 6-8 min.

Farfalle con mantequilla de hierbas

PARA 4 PERSONAS

➤ 400 g (14 oz) de *farfalle* | sal | 100 g (3,5 oz) de mantequilla de hierbas blanda | 1 limón | pimienta recién molida | 70 g (2,5 oz) de parmesano recién rallado

1 | Cocer la pasta según la receta básica. Mientras tanto, remover la mantequilla hasta que se haga espuma. Lavar el limón, rallar 1 ct de su piel y exprimir el zumo. Agregar la piel y el zumo a la mantequilla, y condimentar con sal y pimienta.

2 | Verter aproximadamente 100 ml (3 ½ fl oz) del agua en la que acaba de cocer la pasta sobre la mantequilla de hierbas. Escurrir brevemente la pasta y mezclar con la mantequilla. Servir la pasta con el queso espolvoreado por encima.

Pasta con pesto y jamón

PARA 4 PERSONAS

➤ 400 g (14 oz) de tagliolini | sal | 100 g (3,5 oz) de pesto | 60 g (2 oz) de parmesano recién rallado | 100 g (3,5 oz) de jamón de Parma o de san Daniel (en lonchas finas)

1 | Cocer la pasta siguiendo las instrucciones de la receta básica. Mezclar el pesto con 100 ml (3 ½ fl oz) del agua en la que acaba de cocer la pasta. Escurrir brevemente y mezclarla rápidamente con el pesto.

2 | Repartir la pasta en los platos y espolvorearla con el parmesano; colocar el jamón encima y servirla inmediatamente.

económica | vegetariana
Pizza de champiñones

PARA 2 PERSONAS

➤ ¹/₂ dado de levadura (21 g –0,8 oz–) | 1 ct de azúcar | ¹/₄ kg (9 oz) de harina

sal | 2 cs de aceite de oliva

300 g (10,5 oz) de champiñones | el zumo de ¹/₂ limón

1 bola de *mozzarella* (125 g –4,5 oz–)

1 vaso de aliño de tomate

pimienta recién molida

🕐 Preparación: 1 h y 20 min

🕐 Horneado: 10 min

➤ Aprox. 785 kcal por ración

1 | Mezclar la levadura con el azúcar y 75 ml (2,5 fl oz) de agua tibia. Verter la harina en una fuente, hacer un agujero en el centro y agregar la levadura. Cubrir y esperar 15 min hasta que levante. Añadir la sal, el aceite y 75 ml (2,5 fl oz) de agua tibia y trabajar el conjunto hasta formar una masa elástica. Volver a cubrir y dejar 45 min hasta que suba.

2 | Precalentar el horno a 250 ºC (500 ºF). Limpiar los champiñones en seco y cortarles los extremos del tallo. Cortarlos en finas rodajas y rociarlos con zumo de limón. Cortar la *mozzarella* en rodajas finas.

3 | Extender la masa fina y untarla con aliño o salsa de tomate. Cubrirla con los champiñones y la *mozzarella*. Salpimentar. Introducir la *pizza* en el horno (abajo) y dejarla unos 10 min.

➤ Extra: hornearla con jamón cocido o beicon (en finas tiras).

sencilla
Pizza cuatro estaciones

PARA 2 PERSONAS

➤ ¹/₂ dado de levadura (21 g –0,8 oz–) | ¹/₄ kg (9 oz) de harina | 1 ct de azúcar

sal | 2 cs de aceite de oliva

150 g (5,3 oz) de champiñones

200 g (7 oz) de alcachofas en conserva

4 lonchas de jamón cocido (100 g -4 oz-)

1 bola de *mozzarella* (125 g –4,5 oz–)

100 g (3,5 oz) de aceitunas negras

1 vaso de aliño de tomate o salsa de tomate

4 guindillas verdes en conserva | Pimienta molida

🕐 Preparación: 1 h y 20 min

🕐 Horneado: 10 min

➤ Aprox. 1080 kcal por ración

1 | Preparar la masa de levadura y dejarla que suba como se indica en la receta anterior.

2 | Precalentar el horno a 250 ºC (480 ºF). Limpiar los champiñones en seco, retirarles los extremos del tallo y laminarlos. Cortar los corazones de las alcachofas en 4 partes. Cortar las lonchas de jamón en cuadrados y la *mozzarella* en rodajas finas.

3 | Extender la masa fina y untarla con aliño o salsa de tomate. Introducir la *pizza* en el horno (abajo) y dejarla unos 10 min.

➤ Extra: en vez de aliño de tomate o salsa, usar *crème fraîche* a las finas hierbas.

picante | sencilla

Pizza diavolo

PARA 2 PERSONAS

➤ ¹/₂ **dado de levadura (21 g –0,8 oz–) | 1 ct de azúcar | ¹/₄ kg (9 oz) de harina**

sal | 2 cs de aceite de oliva | 1 cebolla

1 bola de *mozzarella* (125 g –4,5 oz–)

1 vaso de aliño de tomate

70 g (2,5 oz) de salami picante en rodajas finas

12 guindillas picantes en conserva

🕐 Preparación: 1 h y 20 min

🕐 Horneado: 10 min

➤ Aprox. 1190 kcal por ración

1 | Mezclar la levadura con el azúcar y 75 ml (2,5 fl oz) de agua tibia. Verter la harina en una fuente, hacer un agujero en el centro y agregar la levadura. Cubrir y esperar 15 min hasta que levante. Añadir la sal, el aceite y 75 ml (2,5 fl oz) de agua tibia, aproximadamente y trabajar el conjunto hasta formar una masa elástica. Volver a cubrir y dejar 45 min hasta que suba.

2 | Precalentar el horno a 250 ºC (480 ºF). Pelar la cebolla y cortarla en aros. Cortar la *mozzarella* en finas lonchas.

3 | Extender la masa fina y untarla con aliño o salsa de tomate. Cubrirla con el salami, las guindillas y la *mozzarella*. Salpimentar. Cocinar la *pizza* en el horno (abajo) 10 min.

➤ Extra: antes de hornearla, cortar finos gajos de pera (con la piel) y disponerlos sobre la masa.

para invitados | económica

Calzone

PARA 2 PERSONAS

➤ ¹/₂ **dado de levadura (21 g –0,8 oz–) | 1 ct de azúcar | ¹/₄ kg (9 oz) de harina**

sal | 2 cs de aceite de oliva

150 g (5,3 oz) de tomates

2 dientes de ajo | pimienta molida | 1 ct de orégano

2 lonchas de jamón cocido (60 g –2 oz–)

1 bola de *mozzarella* (125 g –4,5 oz–) | 200 g (7 oz) de ricota suave

🕐 Preparación: 1 h y 25 min

🕐 Horneado: 15 min

➤ Aprox. 955 kcal por ración

1 | Preparar la masa de levadura y dejar que suba como se indica en la receta anterior.

2 | Precalentar el horno a 250 ºC (480 ºF). Lavar los tomates y cortarlos en daditos, retirándoles el pedúnculo. Pelar el ajo y machacarlo. Mezclarlo con los tomates y condimentar con sal, pimienta y orégano.

3 | Cortar las lonchas de jamón y la *mozzarella* en daditos.

4 | Dividir la masa en 2 partes y extenderla fina. Untar una de ellas con el ricota y cubrirla con tomate, jamón y *mozzarella*, dejando una mitad libre. Salpimentar. Después, colocar la mitad libre encima del relleno, uniendo bien los bordes. Cocinar la *calzone* en el horno (abajo) aproximadamente 15 min.

➤ Extra: después de echar los ingredientes, espolvorear 2 cs de parmesano rallado fino y, a continuación, unir los bordes.

económica

Pizza con coppa di Parma y jamón cocido

PARA 2 PERSONAS

➤ ¹/₂ dado de levadura (21 g –0,8 oz–) | 1 ct de azúcar | ¹/₄ kg (9 oz) de harina

sal | 2 cs de aceite de oliva

1 cebolla | 2 dientes de ajo

4 lonchas de jamón cocido (100 g –3,5 oz– aprox.)

6 guindillas verdes en conserva

1 bola de *mozzarella* (125 g –4,5 oz–)

1 vaso de aliño de tomate o salsa de tomate

10 lonchas (50 g –1,7 oz–) muy finas de *coppa di Parma* (embutido italiano) | pimienta recién molida

🕑 Preparación: 1 h y 20 min
🕑 Horneado: 10 min
➤ Aprox. 1020 kcal por ración

1 | Mezclar la levadura con el azúcar y 75 ml (2,5 fl oz) de agua tibia. Verter la harina en un recipiente, hacer un agujero en el centro y agregar la levadura. Esperar que levante durante 15 min. Después,

añadir ¹/₂ ct de sal, 2 cs de aceite y aproximadamente 75 ml (2,5 fl oz) de agua tibia y trabajar el conjunto hasta obtener una masa elástica. Cubrir y dejar que suba 45 min.

2 | Precalentar el horno a 250 ºC (480 ºF). Pelar el ajo y la cebolla y filetearlos. Desmenuzar el *coppa* grueso, y cortar el pimiento y la *mozzarella* en lonchas finas.

3 | Extender la masa fina y untarla con el aliño o la salsa de tomate. Cubrir con la cebolla, el ajo, el jamón, el pimiento, el *coppa* y la *mozzarella*. Salpimentar e introducir la *pizza* en el horno (abajo) aproximadamente 10 min.

para invitados | sencilla

Pizza de rúcula y jamón serrano

PARA 2 PERSONAS

➤ ¹/₂ dado de levadura (21 g –0,8 oz–) | 1 ct de azúcar | ¹/₄ kg (9 oz) de harina

sal | 2 cs de aceite de oliva

200 g (8 oz) de tomates

rúcula | 4 lonchas de jamón serrano (40 g –1,4 oz– aprox.)

30 g (1 oz) de parmesano
1 vaso de aliño de tomate
pimienta recién molida

🕑 Preparación: 1 h y 20 min
🕑 Horneado: 8 min
➤ Aprox. 780 kcal por ración

1 | Preparar la masa con la levadura y dejar que suba como se indica en la receta anterior.

2 | Precalentar el horno a 250 ºC (480 ºF). Lavar los tomates y cortarlos en dados grandes. Limpiar la rúcula, lavarla y secarla con la centrifugadora. Desmenuzar el jamón y laminar el parmesano.

3 | Extender la masa fina y untarla con aliño o salsa de tomate. Cubrirla con el tomate natural y salpimentar el conjunto. Hornear durante 8 min.

4 | Después, repartir por encima la rúcula, las lonchas de jamón y el parmesano.

➤ Extra: antes de hornear la *pizza*, rociarla con 2 cs de aceite para *pizza*.

para *gourmets*

Pizza con rape y mango

PARA 2 PERSONAS

➤ ¹/₂ **dado de levadura (21 g –0,8 oz–) | 1 ct de azúcar | ¹/₄ kg (9 oz) de harina**

sal | 2 cs de aceite de oliva

300 g (10,5 oz) de rape

la ralladura y el zumo de ¹/₂ naranja | 4 cs de aceite para *pizza*

1 mango (350 g –12,3 oz–)

10 g (4 oz) de raíz de perejil | pimienta molida

100 g (3,5 oz) de tomates *cherry*

🕐 Preparación: 1 h y 20 min
🕐 Horneado: 10 min
➤ Aprox. 930 kcal por ración

1 | Mezclar la levadura con 1 ct de azúcar y 75 ml (2,5 fl oz) de agua tibia. Verter la harina en un recipiente, hacer un agujero en el centro y agregar la levadura. Esperar que levante durante 15 min. Después añadir ½ ct de sal, 2 cs de aceite y unos 75 ml (2,5 fl oz) de agua tibia. A continuación, trabajar el conjunto hasta obtener una masa elástica. Cubrir y dejar que suba durante 45 min.

2 | Precalentar el horno a 250 ºC (480 ºF). Lavar el rape, secarlo y cortarlo en trozos de 1 cm (0,4 pulgadas) de grosor. Pelar el ajo y picarlo fino. Agregar al rape la ralladura de la naranja, el zumo y 2 cs de aceite para *pizza*. Pelar el mango, quitar el hueso y trocearlo. Pelar la raíz de perejil y cortarla en tiras. Lavar los tomates y partirlos por la mitad.

3 | Extender la masa fina y barnizarla con el aceite restante. Cubrirla con el rape, el mango, la raíz de perejil y el tomate y hornear 10 min.

picante | especial

Pizza con langostinos y lima

PARA 2 PERSONAS

➤ ¹/₂ **dado de levadura (21 g –0,8 oz–) | 1 ct de azúcar | ¹/₄ kg (9 oz) de harina**

sal | 2 cs de aceite de oliva | 2 guindillas rojas

1 cs de miel | 2 cs de aceite de almendras

el zumo y la ralladura de 2 limas | 16 langostinos crudos pelados (200 g –8 oz– aprox.)

1 vaso de aliño de tomate

¹/₂ ct de comino molido

1 bola de *mozzarella* (125 g –5 oz–)

🕐 Preparación: 1 h y 20 min
🕐 Horneado: 10 min
➤ Aprox. 985 kcal por ración

1 | Preparar la masa con la levadura y dejar que suba como se indica en la receta anterior.

2 | Lavar las guindillas, limpiarlas y picarlas finamente. Mezclar la miel, el aceite de almendras, el zumo de limón y la ralladura. Lavar los langostinos, secarlos y quitar el intestino. Mezclarlos con la marinada.

3 | Precalentar el horno a 250 ºC (480 ºF). Condimentar el aliño o la salsa con el comino. Cortar la *mozzarella* en finas lonchas.

4 | Extender la masa fina y untarla con aliño o salsa. Cubrirla con los langostinos, la *mozzarella* y con un poco de marinada. Hornear (abajo) durante 10 min.

rápida | fácil

Espaguetis con gambas y uvas pasas

PARA 4 PERSONAS

➤ 2 cs de uvas pasas

3 cs de coñac y otras
3 cs de licor de naranja
(o zumo de naranja)

400 g (14 oz) de espaguetis
| sal | 3-4 hojas de
lechuga romana

300 g (10,5 oz) de gambas
cocidas y peladas

2 cs de zumo de limón

6 cs de aceite de oliva

pimienta recién molida

🕐 Elaboración: 25 min
➤ Aprox. 620 kcal por ración

1 | Ablandar las uvas pasas en el coñac y el licor de naranja. Cocer la pasta siguiendo las instrucciones básicas.

2 | Lavar las hojas de lechuga, secarlas y cortarlas en tiras finas. Mezclar las gambas con las uvas pasas, el coñac, el licor, el zumo de limón y el aceite de oliva. Condimentarlo a continuación con la sal y la pimienta.

3 | Escurrir la pasta brevemente y mezclar con un poco del agua en la que se acaba de cocer la pasta y la salsa de gambas y uvas pasas. Agregar finalmente la lechuga y servir la pasta con rapidez.

➤ Bebida: un vino blanco joven (por ejemplo: Frascati).

especialidad de Liguria

Linguine con pesto de rúcula y nueces

PARA 4 PERSONAS

➤ 125 g (4,5 oz) de rúcula

50 g (2 oz) de nueces

1 diente de ajo | sal

400 g (14 oz) de *linguine*

sal marina gruesa

100 ml (3,3 fl oz) de aceite de oliva

pimienta recién molida

75 g (2,6 oz) de parmesano recién rallado

🕐 Elaboración: 25 min
➤ Aprox. 675 kcal por ración

1 | Lavar la rúcula y quitarle los tallos más duros. Escurrir las hojas y picarlas grueso. Partir las nueces en trozos.

Pelar el ajo y picarlo grueso. Cocer la pasta siguiendo las instrucciones de la receta básica.

2 | Machacar la rúcula, las nueces y el ajo con un poco de sal marina en el mortero o triturarlo en la batidora; añadir entretanto el aceite. Una vez que el pesto esté cremoso, condimentarlo con sal y pimienta.

3 | Tomar aproximadamente 4 cs del agua en la que se ha cocido la pasta y agregárselas al pesto. Verter el agua de la pasta, escurrir sólo brevemente y mezclarla con rapidez con el pesto. Repartirlo todo en platos y servirlo con el queso espolvoreado por encima.

➤ Bebida: un suave y afrutado vino blanco (por ejemplo: Chardonnay del Piamonte).

CONSEJO

El pesto resulta aún más aromático si tuestas ligeramente las nueces en una pequeña sartén sin aceite justo antes de desmenuzarlas.

sofisticada | rápida

Farfalle con dos tipos de guisantes

PARA 4 PERSONAS

- 400 g (14 oz) de *farfalle*
  150 g (5,3 oz) de vainas de azúcar
  75 g (2,6 oz) de jamón de Parma en lonchas
  100 g (4 oz) de champiñones
  2 cs de mantequilla
  1 cs de aceite de oliva
  75 g (2,6 oz) de guisantes congelados | 200 g (7 oz) de nata
  pimienta recién molida | sal | nuez moscada recién rallada
  50 g (1,7 oz) de parmesano

- Elaboración: 20 min
- Aprox. 730 kcal por ración

1 | Cocer la pasta. Lavar las vainas de azúcar y cortarlas en tiras finas. Separar el tocino del jamón y trocearlo fino, y corte el jamón en tiras. Limpiar los champiñones y cortarlos en rodajas.

2 | Calentar la mantequilla y el aceite, deshacer los dados de tocino a fuego lento durante 4 o 5 min. Añadir las tiras de jamón, las vainas de azúcar, los champiñones y los guisantes, y rehogarlo todo junto durante 5 min.

3 | Verter la nata sobre la verdura, condimentarlo todo con la sal, la pimienta y la nuez moscada, y continuar cociéndolo otros 5 min.

4 | Escurrir la pasta brevemente y mezclarla con la salsa. Servirla con el queso por encima.

- Bebida: un aromático vino blanco (por ejemplo: Arneis del Piamonte).

original | sofisticada

Rigatoni con espuma de calabaza

PARA 4 PERSONAS

- 300 g (10,5 oz) de carne de calabaza
  100 g (3,5 oz) de mantequilla | sal
  400 g (14 oz) de *rigatoni*
  40 g (1,5 oz) de *amaretti*
  aprox. 60 g (2 oz) de nata
  pimienta recién molida
  nuez moscada recién rallada
  60 g (2 oz) de queso Grana Padano recién rallado

- Elaboración: 35 min
- Aprox. 715 kcal por ración

1 | Cortar la carne de calabaza en trozos gruesos. Deshacer 1 cs de mantequilla y rehogar la calabaza 1-2 min. Agregarle agua justo hasta cubrirla, condimentarla y dejarla cocer 20 min hasta que esté blanda. Cocer la pasta.

2 | Colocar los *amaretti* en una bolsa de plástico y desmenuzarlo con un rodillo. Triturar la calabaza con la batidora, y añadir 2 cs de la mantequilla en trozos. Agregar la suficiente nata como para que la salsa esté medio licuada. Condimentarla con sal, pimienta y nuez moscada.

3 | Calentar la mantequilla restante y hacer que suba la espuma con los *amaretti* dentro. Escurrir la pasta brevemente y mezclarla con la salsa de calabaza. Repartirla en los platos, verterla por encima la mantequilla de *amaretti* y servirla con el queso por encima.

- Bebida: un suave vino blanco (por ejemplo: Sauvignon Blanc).

económica | sofisticada
Tagliatelle con cangrejos de río

PARA 4 PERSONAS

➤ 2 cebolletas
2 ramas de apio
1 tomate carnoso
400 g (14 oz) de *tagliatelle*
sal | 3 cs de mantequilla
200 ml (7 fl oz) de fondo
de pescado
pimienta recién molida
200 g (7 oz) de colas de
cangrejo de río cocidas

🕐 Elaboración: 25 min
➤ Aprox. 590 kcal por ración

1 | Lavar las cebolletas,
limpiarlas y cortarlas
finamente. Lavar también
el apio y trocearlo a su vez
muy fino. Escaldar el tomate
brevemente, quitarle la piel,
dividirlo por la mitad y
desgranarlo. Trocear la carne
del tomate.

2 | Cocer la pasta siguiendo la
receta básica. Deshacer 1 cs de
mantequilla y rehogar el apio
y las cebolletas. Agregar el
tomate y freírlo brevemente.
Añadir el fondo y cocer todo
durante 5 min.

3 | Condimentar la salsa
con la sal y la pimienta, y
calentar en ella las colas de
cangrejo. Agregar el resto de la
mantequilla para emulsionar
la salsa. Escurrir la pasta
brevemente y repartirla en
los platos. Verter la salsa por
encima.

➤ Bebida: un afrutado y vigoroso vino blanco (por ejemplo: Trebbiano dell'Umbria).

necesita algún tiempo
Espaguetis con sepia y salsa de tomate

PARA 4 PERSONAS

➤ 1 kg (2,2 lb) de tomates
duros | 3 ramas de albahaca
2 dientes de ajo | 1 cebolla
2 cs de aceite de oliva
200 g (7 oz) de nata
sal | pimienta recién molida
400 g (14 oz) de espaguetis
de sepia
1 tarro de caviar Keta
(50 g –2 oz–)

🕐 Elaboración: 30 min
🕐 Tiempo para que escurra:
12 h
➤ Aprox. 615 kcal por ración

1 | Lavar los tomates y
cortarlos en trozos. Trocear
la albahaca. Triturar grueso
ambos ingredientes en la
batidora. Humedecer un paño
de cocina, colocarlo sobre un
colador, verter dentro el puré y
dejarlo escurrir unas 12 h.

2 | Pelar el ajo y la cebolla,
trocearlo fino y rehogarlo una
vez que el aceite esté caliente.
Añadir el jugo escurrido y
dejarlo hervir, quitarle la
espuma que vaya surgiendo.
Cocerlo a fuego fuerte hasta
que quede solo ¼ parte del
total inicial. Agregar la nata
y calentarla, condimentarla
con la sal y la pimienta.
Mantenerlo todo caliente.

3 | Cocer la pasta siguiendo
la receta básica. Verter el
agua de la pasta y escurrirla
a continuación. Batir la salsa
de tomate con la batidora
eléctrica hasta que haga
espuma. Verterla sobre la
pasta y servirla rápido junto
con el caviar espolvoreado
por encima.

➤ Bebida: un suave, rotundo
y vigoroso vino blanco
(por ejemplo: Franciacorta
Bianco).

fácil | contundente

Espaguetis con *sugo* de carne

PARA 4 PERSONAS

- 1 cebolla | 1 zanahoria grande | 1 rama de apio
  3/4 kg (26,5 oz) de tomates
  1/4 kg (9 oz) de carne magra de ternera
  3 cs de aceite de oliva | 3 dientes de ajo | 2 cs de tomate triturado
  150 ml (5 fl oz) de vino tinto
  sal | pimienta recién molida
  1 ct de hojas de orégano, 1 ct de hojas de tomillo y 1 ct de hojas de romero
  400 g (14 oz) de espaguetis

- Elaboración: 1 h
- Aprox. 565 kcal por ración

1 | Pelar la zanahoria y la cebolla, lavar y limpiar el apio, y trocearlo todo muy pequeño. Escaldar los tomates brevemente, quitarles la piel, dividirlos a la mitad y desgranarlos.

2 | Cortar la carne en dados muy pequeños. Calentar el aceite y dorarla carne ligeramente a fuego medio, entre 7 y 10 min. Pelar el ajo y

añadirlo a lo anterior una vez machacado, agregar también la cebolla, la zanahoria y el apio y freírlo todo 5 min.

3 | Agregar el tomate triturado y el vino, y cocerlo todo hasta que espese casi por completo. A continuación, añadir los tomates y freírlos sin tapar durante 10 min. Condimentarlos con la sal, la pimienta y las hierbas aromáticas. Estofarlos tapado entre 15 y 20 min. Cocer la pasta siguiendo la receta básica. Verter finalmente el agua de la pasta, escurrirla y repartirla en los platos junto con la salsa.

necesita algún tiempo

Matriciani con ragú de cordero

PARA 4 PERSONAS

- 1/4 kg (9 oz) de lomo de cordero
  1/4 kg (9 oz) de pimientos
  1 cebolla | 2 dientes de ajo
  3 cs de aceite de oliva | 1 hoja de laurel
  150 ml (5 fl oz) de vino blanco
  350 g (12,3 oz) de tomates
  400 g (14 oz) de *matriciani*
  sal | pimienta recién molida

- Elaboración: 25 min
- Tiempo de cocción: 35 min
- Aprox. 550 kcal por ración

1 | Cortar el lomo de cordero en trozos medianos. Lavar los pimientos, divídalos a la mitad, limpiarlos y cortarlos en forma de rombos. Pelar la cebolla y el ajo, y trocearlos fino. Calentar el aceite y rehogar los pimientos 5 min a fuego fuerte, retirarlos y reservarlos. En el mismo aceite, rehogar la cebolla y el ajo a fuego medio.

2 | Añadir la carne y la hoja de laurel y rehogarlos 5 min. Agregar el vino y guisarlo todo, sin tapar, a fuego lento 15 min. Escaldar los tomates, quitarles la piel, desgranarlos y cortarlos en trozos. Mezclar los tomates con la carne y continuar guisándolo durante 20 min más.

3 | Cocer entonces la pasta. Mezclar los pimientos reservados con la salsa, y condimentarla con la sal y la pimienta. Escurrir la pasta brevemente y mezclarla con la salsa.

Recetas para...

Los enamorados de la cocina fusión

La cocina internacional en toda su variedad

Recetas rápidas

Tofu frito con rábano

PARA 2 PERSONAS

➤ ¹/₄ kg (9 oz) de tofu | 100 g (3,5 oz)
de rábano blanco *(daikon)* | aceite
vegetal para freír | 3 cs de fécula
2 cs de jengibre en conserva | salsa
de soja japonesa

1 | Cortar el tofu en trozos de 2 cm (0,78
pulgadas) y secar con papel de cocina.
Lavar el rábano, pelarlo y rallarlo fino.

2 | Calentar un dedo de aceite en el *wok*.
Pasar el tofu por la fécula y freír durante
1 min por cada lado. Sacar, escurrir
y disponer en una fuente. Adornar con el
rábano rallado y el jengibre. Servir con
salsa de soja.

Pimientos con aceite de sésamo

PARA 2 PERSONAS

➤ ¹/₂ kg (17 oz) de pimientos verdes
2 dientes de ajo | 2 cs de aceite vegetal
para freír | 35 g (1,2 oz) de anacardos
1 pizca de azúcar | 150 ml (5 fl oz)
de caldo de ave | 4 cs de salsa de soja
1 cs de aceite de sésamo

1 | Lavar los pimientos, partirlos por la
mitad y cortarlos en tiras. Pelar el ajo
y cortar en láminas. Calentar primero
el *wok*, a continuación añadir el aceite.
Freír los pimientos, el ajo y los anacardos
durante 2-3 min sin dejar de remover. Las
tiras de pimiento deben quedar crujientes.
Espolvorear con azúcar, caldo, salsa de
soja, y regar con el aceite de sésamo.
Mezclar todo bien y servir caliente.

Pollo con piña

PARA 4 PERSONAS

➤ 400 g (14 oz) de pechuga de pollo
2 ct de espesante │ 1 clara │ sal
1 bote pequeño de piña (450 g –16 oz–)
3 cs de aceite │ 1 cs de vino de arroz
1 cs de aritos de cebollino

1 │ Lavar la carne de pollo, secarla con
un paño y cortarla en tiras. Mezclar
revolviendo el espesante con 2 ct de agua,
la clara y la sal. Agregar la carne. Escurrir
la piña y recoger el zumo.

2 │ Calentar el aceite y freír la carne
2 o 3 min sin dejar de revolver. Sofreír la
piña 1-2 min. Cortar con el vino de arroz
y agregar el zumo de piña. Sazonar con sal,
extender por encima los aritos de cebollino
y servir.

Cordero con puerros

PARA 4 PERSONAS

➤ ¹/₂ kg (17 oz) de pierna de cordero
sin huesos │ 2 cs de salsa de soja
4 cs de vino de arroz │ ¹/₂ kg (17 oz)
de puerros tiernos │ 5 cs de aceite
1 cs de aceite de sésamo │ sal

1 │ Cortar la pierna de cordero en rodajas
finas y partir las más grandes por la mitad.
Mezclar 1 cs de salsa de soja y 2 cs de vino
de arroz e incorporar la mezcla a la carne.

2 │ Lavar el puerro, limpiarlo y cortarlo
diagonalmente en aros.

3 │ Calentar el aceite y freír el cordero
1-2 min a fuego vivo. Sofreír el puerro
1 min. Mezclar todo con el resto de salsa de
soja y el vino de arroz, sazonar y cocer
1-2 min. Rociar con aceite de sésamo.

especialidad japonesa | para invitados

Sushi de atún y pepino

PARA 4 PERSONAS

- **200 g (7 oz) de arroz glutinoso**
- **3 cs de vinagre de arroz**
- **1 ct de sal**
- **1 ½ ct de azúcar**
- **125 g (4,4 oz) de atún fresco**
- **100 g (3,5 oz) de pepino**
- **3 hojas de *nori***
- **1-2 ct de pasta *wasabi***

- Preparación: 45 min
- Aprox. 245 kcal por ración

1 | Pasar el arroz varias veces por agua y escurrir. Poner a cocer en 450 ml (15 fl oz) de agua y, cuando hierva, cocer durante 10 min, destapado, a fuego medio. Retirar del fuego y dejar reposar, tapado, durante 20 min.

2 | Calentar el vinagre con la sal y el azúcar. Cortar el arroz dentro de la cazuela con un cuchillo varias veces en cruz y en sentido diagonal. Rociar con el vinagre. Dejar que se enfríe.

3 | Secar el atún con papel de cocina y cortar longitudinalmente en tiras de ½ cm (0,2 de pulgada) de ancho. Pelar el pepino y cortar en tiras finas. Disponer una hoja de *nori* sobre una esterilla especial para *sushi*, cubrir con la tercera parte del arroz, dejando 1 cm (0,4 pulgadas) libre por el borde.

4 | Con las manos humedecidas, formar un canal en el medio y untarlo con pasta *wasabi*. Rellenar el canal con un tercio del atún y de las tiras de pepino.

5 | Enrollar la hoja de *nori* con ayuda de la esterilla. Formar otros 2 rollos con el resto de los ingredientes. Mantener los rollos tapados durante 2 h en el frigorífico.

6 | Antes de servir, cortar cada rollo en 8 trozos y servir según la fotografía.

- Acompañamiento: salsa de soja, pasta *wasabi* y jengibre japonés en conserva.

1 Untar la hoja de *nori*
Colocar la hoja de *nori* sobre una esterilla para *sushi* y cubrir con arroz.

2 Rellenar el *sushi*
Con las manos humedecidas, formar un canal para rellenarlo.

3 Enrollar el *sushi*
Enrollar la hoja de *nori* con ayuda de la esterilla.

71

especialidad marroquí

Tahine con pollo y cuscús

PARA 4 PERSONAS

- 1 cebolla grande
- 1 pollo de 1 kg (2,2 lb) listo para cocinar
- sal | pimienta
- 3 cs de mantequilla
- 1 ramita de canela
- 150 g (6 oz) de ciruelas pasas, deshuesadas
- 1/2 ct de canela en polvo
- 1 cs de miel | 1 ct de aceite
- 100 g (4 oz) de almendras peladas
- 1/2 kg (17 oz) de cuscús semifino

🕒 Preparación: 1 h y 20 min

➤ Aprox. 730 kcal por ración

1 | Pelar la cebolla y picar muy fina. Salpimentar el pollo. Calentar 2 cs de mantequilla. Agregar el pollo, la cebolla y la canela en rama. Cocer junto con 3/8 l (12 fl oz) de agua, tapado y a fuego lento, durante aproximadamente 45 min. Dar la vuelta al pollo de vez en cuando.

2 | Retirar el pollo del caldo y dejar enfriar. Trocearlo. Tirar la canela en rama.

Cocer las ciruelas en el caldo a fuego lento durante 15 min. Añadir la canela en polvo y la miel, remover todo y cocer, destapado y a fuego fuerte, hasta que la salsa comience a espesar. Salpimentar.

3 | Introducir la carne en la salsa. Calentar aceite en una sartén aparte y dorar las almendras. Preparar el cuscús según instrucciones y mezclar con la mantequilla. Espolvorear el pollo con las almendras y servir con el cuscús.

especialidad tunecina

Cuscús con ternera

PARA 4 PERSONAS

- 1/2 kg (17 oz) de pescuezo de ternera
- 2 cebollas | tomates
- 1 ramita de canela
- sal | pimienta
- 4 zanahorias | 2 calabacines
- 2 berenjenas pequeñas
- 400 g (14 oz) de pulpa de calabaza
- 3 ramas de cilantro
- 1/2 kg (17 oz)de cuscús semifino instantáneo

🕒 Preparación: 1 h

➤ Aprox. 605 kcal por ración

1 | Cortar la carne en trozos grandes. Pelar las cebollas y picarlas. Escaldar los tomates brevemente, pelarlos, retirar los rabillos y trocear. Disponer la carne, las cebollas, los tomates, la canela, 1 ct de sal y pimienta en una cazuela. Cubrir la carne con agua hirviendo y cocer todo tapado y a fuego lento durante 30 min.

2 | Lavar las zanahorias y pelarlas. Lavar los calabacines y partirlos por la mitad. Lavar las berenjenas y trocearlas. Cortar la pulpa de calabaza en tiras anchas. Lavar el cilantro, escurrir y picar grueso.

3 | Añadir la verdura a la carne y cocer todo durante 15-20 min. Preparar el cuscús según instrucciones y disponer en una fuente plana en el centro de la misma, formando una especie de torre. Decorar con la carne y la verdura colocándola alrededor, y regar con un poco del caldo.

receta clásica | preparación esmerada

Rollitos de primavera

PARA 4 PERSONAS

- **20 láminas de rollitos de primavera**
- **25 g (0,8 oz) de pasta transparente**
- **6 setas mu-err secas**
- **3 zanahorias tiernas**
- **3 cebolletas | sal**
- **1 manojo de cebollino**
- **150 g (5 oz) de gambas cocidas y peladas**
- **1 l (34 fl oz) de aceite para freír | 2 cs de aceite**
- **150 g (5 oz) de carne picada de cerdo**
- **2 cs de salsa de soja**

⏱ Preparación: 1 h y 15 min

➤ Aprox. 335 kcal por ración

1 | Descongelar las láminas de rollitos de primavera manteniéndolas tapadas con un paño de cocina. Conservar por separado la pasta transparente y las setas en agua templada 10 min hasta que estén blandas.

2 | Pelar y limpiar las zanahorias, limpiar las cebolletas y cortar ambas en tiras finas. Lavar el cebollino y cortarlo en trozos de 1 cm (0,4 pulgadas) de longitud. Escurrir la pasta transparente y cortarla en trozos pequeños. Cortar las setas en tiras después de haber quitado los tallos.

3 | Calentar 2 cs de aceite. Sofreír en él conjuntamente las verduras, las gambas, la pasta transparente y las setas. Sazonar la mezcla con salsa de soja y sal e incorporar el cebollino.

4 | Extender las láminas y cubrirlas con relleno. Enrollarlas.

5 | Calentar bien el aceite y freír en él 3 porciones cada vez hasta que se doren. Escurrirlos y desengrasarlos sobre papel de cocina. Servir directamente.

➤ Acompañamiento: salsa de chile dulce (o salsa de soja mezclada con jengibre rallado, aceite de sésamo y, eventualmente, un poco de aceite de chile).

➤ Bebida: cerveza.

1 Rellenar
Poner un poco del relleno sobre la lámina.

2 Envolver
Doblar la parte inferior de la lámina sobre el relleno.

3 Enrollar
Doblar los laterales hacia adentro y enrollar.

económica | picante

Pescado frito con salsa

PARA 4 PERSONAS

➤ 600 g (21,2 oz)
de pescado fileteado
3 cs de vino de arroz
sal | 3 huevos
100 g (3,5 oz) de harina
1 pimiento verde
1 puerro
1 trozo de jengibre
de 2 cm (0,78 pulgadas)
2 dientes de ajo
$^3/_4$ l (26,5 fl oz) de aceite
2 cs de pasta de soja
picante
1 cs de azúcar

🕐 Preparación: 35 min
➤ Aprox. 410 kcal por ración

1 | Lavar el pescado en agua fría, secarlo con un paño y cortarlo en trozos. Mezclar estos con vino de arroz y sal.

2 | Mezclar revolviendo los huevos con la harina, 4 cs de agua y sal hasta lograr una masa espesa.

3 | Lavar el pimiento, limpiarlo y cortarlo en rombos. Lavar el puerro, limpiarlo y cortarlo en tiras finas. Pelar el jengibre y el ajo y cortarlos en bastoncitos.

4 | Calentar el aceite en una sartén honda o en el *wok*. Pasar por partes los trozos de pescado por la masa y freírlos hasta dorarse en el aceite caliente 3-4 min. Retirarlos con una espumadera y escurrirlos sobre papel de cocina. Mantenerlos calientes en el horno a 50 °C (100 °F).

5 | Retirar el aceite, excepto una fina película. Freír en el aceite el pimiento y el puerro 2 min revolviendo. Freír conjuntamente el jengibre y el ajo. Mezclar bien la pasta de soja, 50 ml (2 fl oz) de agua y el azúcar e incorporar la mezcla. Sazonar la salsa con sal. Incorporar los trozos de pescado y servir directamente.

➤ Acompañamiento: arroz.

SUGERENCIA

Albóndigas agridulces de pescado

Picar muy finamente 600 g (21,2 oz) de filetes de pescado. Mezclarlos con 1 cs de vino de arroz y sal. Batir 2 claras con 1 cs de espesante y añadir las claras batidas a la mezcla. Hacer albóndigas del tamaño de 1 nuez con la masa. Picar 1 puerro. Cortar en trocitos 4 dientes de ajo y 2 cm (0,78 pulgadas) de jengibre. Mezclar revolviendo 2 cs de espesante con 5 cs de agua. Mezclar revolviendo 3 cs de azúcar con 4 cs de vinagre de arroz oscuro, 3 cs de salsa de soja y 2 cs de vino de arroz. Freír por partes hasta dorarse las albóndigas de pescado en $^1/_2$ l (17 fl oz) de aceite 3-4 min y después sacarlas. Retirar el aceite excepto una película fina, sofreír en él el puerro, el ajo y el jengibre. Incorporar la mezcla del azúcar. Agregar el espesante disuelto. Hervir y sazonar con sal. Incorporar las albóndigas y servirlas con arroz.

famosa receta

Sopa de pescado con leche de coco

Tom plaah gati sod

PARA 5 PERSONAS

- ½ kg (17 oz) de filetes de pescado (merluza, bacalao o gallineta)
- 6 cs de salsa de pescado
- ½ ct de pimienta negra recién molida
- 2 tallos de toronjil o melisa
- 2 tomates medianos
- 2 trozos de galanga del tamaño de una nuez
- 6 hojas de limonero
- 3 ramitas frescas de cilantro
- 5 chiles tailandeses frescos
- 2 latas de leche de coco (de 400 ml –13,5 fl oz– cada una)
- 4 cs de zumo de limas

⏱ Elaboración: 35 min
➤ Aprox. 135 kcal por ración

1 | Cortar los filetes de pescado en trozos pequeños. Mezclar con 2 ct de salsa de pescado y con la pimienta; taparlo y marinar en frío durante 20 min.

2 | Mientras, lavar los tallos de toronjil, la galanga y las hojas de limonero. Cortar el toronjil en trozos de unos 3 cm (1,18 pulg.), pelar la galanga y cortarla en rodajas finas. Cortar en cuartos las hojas de limonero; lavar el cilantro y cortarlo en aros.

3 | Poner en una cazuela la leche de coco con el toronjil, la galanga y las hojas de limonero y llevar a ebullición. Añadir los trozos de pescado y 4 cs de salsa de pescado. Cocer durante aproximadamente 2 min a fuego medio. Verter en una fuente. Mezclar con el zumo de lima, los chiles y el cilantro.

4 | Antes de servir, retirar la galanga y, si se quiere, también el toronjil y las hojas de limonero.

clásica

Pastelitos de gambas

Tod man gung

PARA 4 PERSONAS

- 800 (28 oz) de gambas
- 3 dientes de ajo
- 2 ramitas de cilantro
- ½ ct de sal
- ½ ct de pimienta fresca recién molida
- 1 huevo
- ½ l (17 fl oz) de aceite vegetal neutro
- 1 tazón de salsa agridulce picante

⏱ Elaboración: 30 min
➤ Aprox. 295 kcal por ración

1 | Pelar las gambas, quitarles la cola y la cabeza. Hacerles un corte por el lomo y limpiarlas. Picar las gambas muy finas.

2 | Pelar los ajos, lavar el cilantro y quitarle las raíces, machacarlas en el mortero con sal y pimienta. Añadir la carne de las gambas y hacer una pasta.

3 | Mezclar la pasta con el huevo en una fuente. Después modelar pastelitos de 5 cm (1,97 pulgadas) con 2 ct de masa por pastelito.

4 | Calentar el aceite, dorar los pastelitos de gamba durante 2 min y escurrirlos en papel de cocina. Servir con salsa agridulce picante.

también gusta
a los niños

Costillas de cerdo con ajo y pimienta

Siih krong muh tod

PARA 4 PERSONAS

- **1 kg (2,2 lb) de costillas de cerdo**
- **8 dientes de ajo**
- **¹/₂ ct de pimienta negra recién molida**
- **2 ct de sal**
- **2 cs de azúcar moreno**
- **3 cs de aceite**

🕐 Elaboración: 2 h y 10 min
➤ Aprox. 525 kcal por ración

1 | Partir las costillas de cerdo en trozos de unos 5 cm (1,97 pulgadas). Pelar los ajos y machacarlos en el mortero con la pimienta y la sal. Añadir el azúcar a la pasta, untar la carne con ella y marinar al menos 1 h.

2 | Calentar el aceite en una sartén muy grande y freír bien las costillas. Enjuagar con un poco de agua el recipiente en el que hemos marinado las costillas, y añadir esta agua a las costillas tapar y cocer a fuego medio durante 30 min. Destapar y reducir la salsa durante otros 15 min.

3 | Disponer en una fuente y moler pimienta por encima.

CONSEJO También puede cocer las costillas en el horno a la máxima temperatura.

picante | fácil de hacer

Cerdo con bambú

Pad phet muh sei noh mai

PARA 4 PERSONAS

- **400 g (14 oz) de filetes de cerdo (babilla)**
- **3 cs de salsa de pescado**
- **¹/₂ ct de pimienta negra recién molida**
- **1 lata grande de brotes de bambú (540 g –19 oz–)**
- **¹/₂ pimiento rojo y ¹/₂ verde**
- **5 cs de aceite**
- **2 cs de pasta de *curry* amarilla**
- **2 cs de azúcar**

🕐 Elaboración: 25 min
➤ Aprox. 250 kcal por ración

1 | Cortar la carne de cerdo en tiras pequeñas y mezclarla con 1 cs de salsa de pescado y con la pimienta. Marinar por lo menos 10 min.

2 | Mientras tanto, poner los brotes de bambú en un colador, echarles agua fría y cortarlos en tiras finas. Lavar los pimientos, limpiarlos y después cortarlos en tiritas.

3 | Calentar el aceite en una sartén o en un *wok*, poner la pasta de *curry*. Cuando hayan pasado aproximadamente 2 min, incorporar la carne. Subir el fuego e ir añadiendo los brotes de bambú, las tiras de pimiento, 2 cs de salsa de pescado, el azúcar y un poco de agua. Dejar que cueza 2 min sin dejar de remover.

CONSEJO En lugar de cerdo, se pueden emplear tanto pechugas de pollo como ternera, ya que ambos son apropiados.

especialidad de la India

Verduras al *curry* con yogur

PARA 2 PERSONAS

➤ 150 g (5 oz) de patatas para cocer

2 zanahorias │ 175 g (6,2 oz) de calabacines │ 100 g (3,5 oz) de judías verdes

1 cs de mantequilla clarificada │ sal

125 g (4,,4 oz) de yogur cremoso

1 ct colmada de harina

1 ct de *garam masala*

1 guindilla verde fresca

1 ct de semillas de *ajowan* (se encuentra en establecimientos asiáticos; a sustituir por tomillo)

$1/2$ ct de mostaza en grano (en tiendas asiáticas)

🕐 Elaboración: 45 min
➤ Aprox. 215 kcal por ración

1│Lavar la verdura. Escurrir. Pelar las patatas y las zanahorias. Trocear junto con los calabacines y las judías verdes. Calentar el wok. A continuación calentar ½ cs de mantequilla clarificada. Rehogar la verdura durante 2-3 min, sin dejar de remover. Añadir 350 ml (12 fl oz) de agua, salar y llevar a

ebullición. En cuanto rompa a hervir, cocer aproximadamente 15 min, destapado, a fuego medio.

2│Mezclar el yogur con la harina y el *garam masala*. Remover bien. Añadir a la verdura y dejar cocer otros 5 min a fuego lento.

3│Cortar la guindilla longitudinalmente y retirar las semillas. Lavar, escurrir y cortar menudo. Agregar a la verdura, remover y dejar reposar todo durante 5 min.

4│Calentar en una sartén aparte el resto de mantequilla clarificada. Tostar ligeramente las semillas de ajowan y los granos de mostaza. Espolvorear ambos ingredientes sobre la verdura.

vegetariana │ picante

Ragú de berenjenas

PARA 2 PERSONAS

➤ 1 ct de comino

1 ct de semillas de hinojo

$1/4$ ct de semillas de alholva

1 guindilla seca

1 cebolla pequeña

1 berenjena (aprox. 350 g −12,3 oz−)

2 dientes de ajo

2 cs de mantequilla clarificada

sal │ pimienta negra

1 cs de zumo de limón

$1/4$ kg (9 oz) de yogur

🕐 Elaboración: 35 min
➤ Aprox. 225 kcal por ración

1│Machacar las especias y la guindilla en un mortero. Lavar la berenjena y cortar en dados de 1 cm (0,4 pulgadas). Pelar la cebolla y los ajos y picar menudo.

2│Calentar primeramente el *wok* y, a continuación, la mantequilla clarificada. Añadir el contenido del mortero y rehogar ligeramente. Agregar la cebolla y los ajos y rehogar durante 2 min a fuego medio, removiendo constantemente.

3│Agregar los dados de berenjena y rehogar todo otros 15 min sin dejar de remover. Salpimentar y añadir el zumo de limón. Retirar el *wok* del fuego. Mezclar el yogur con una pizca de sal, remover y servir sobre el ragú.

especialidad de China

Solomillo de cerdo con habas tiernas

PARA 2 PERSONAS

- 3 setas chinas mu-err secas
- 175 g (6,2 oz) de habas tiernas descongeladas
- 150 g (5 oz) de solomillo de cerdo
- 2 cs de salsa de soja clara
- 2 cs de vino de arroz
- 1 ½ ct de fécula
- 2 cs de azúcar moreno
- 1 cebolleta
- 1 trozo de jengibre fresco (del tamaño de una nuez)
- 2 dientes de ajo │ 2 cs de aceite vegetal para cocinar

🕐 Elaboración: 35 min

➤ Aprox. 310 kcal por ración

1 │ Ablandar las setas en agua caliente durante 15 min. Pelar las habas. Secar el solomillo con papel de cocina, partir longitudinalmente por la mitad y cortar en rodajitas finas. Mezclar ½ cs de salsa de soja con 1 cs de vino de arroz y ½ ct de fécula y remover bien. En un recipiente aparte, mezclar el resto de la fécula con el azúcar, el resto de la salsa de soja y del vino de arroz con 50 ml (2 fl oz) de agua fría y remover bien. Escurrir las setas y cortar en tiras.

2 │ Lavar la cebolleta y cortar la parte blanca en tiras finas. Pelar el jengibre y el ajo y picar finamente.

3 │ Calentar el *wok*, a continuación el aceite y dorar la carne por ambos lados durante 2 min. Añadir las habas, el jengibre, la cebolleta y el ajo y rehogar 1 min más. Agregar las setas y la fécula y cocer durante ½ min sin parar de remover. Servir muy caliente acompañado de arroz.

baja en calorías │ picante

Cerdo en salsa de *curry*

PARA 2 PERSONAS

- 150 g (5 oz) de carne de cerdo (lomo o solomillo)
- 1 ct de fécula │ 1 ct de salsa de soja │ 1 ct de salsa de pescado
- 1 cebolla grande
- 3 zanahorias
- 100 g (3,5 oz) de col china
- 75 g (2,6 oz) de rábano blanco *(daikon)*
- 2 cs de aceite vegetal para cocinar
- 2 cs de pasta verde de *curry* tailandés
- salsa de soja clara para aliñar

🕐 Elaboración: 35 min

➤ Aprox. 245 kcal por ración

1 │ Secar la carne con papel de cocina y cortar en lonchas. Marinar la carne 10 min con la mezcla de fécula, salsa de soja y de pescado.

2 │ Pelar la cebolla y cortar en tiras finas. Lavar las zanahorias, cortar longitudinalmente y, a continuación, en rodajas finas. Lavar la col china y cortar en tiras finas. Pelar el rábano y rallar.

3 │ Calentar el *wok*, luego el aceite y dorar la carne durante 3 min a fuego fuerte. Añadir las verduras, excepto el rábano, y rehogar todo durante 2-3 min. Agregar la pasta de *curry*, 150 ml (6 fl oz) de agua, remover y dar un hervor. Condimentar con la salsa de soja. Decorar con el rábano rallado.

Recetas para...
Los más clásicos

Desde España a México, dulces
y picantes, es difícil elegir...

Recetas rápidas

Macarrones con tomate

Penne al pomodoro

PARA 4 PERSONAS

➤ 1 cebolla pequeña | 2 dientes de ajo |
1 cs de aceite de oliva | 400 g (14 oz)
de tomates troceados (en conserva) |
sal | pimienta | 400 g (14 oz) de maca-
rrones | ½ manojo de albahaca

1 | Poner a hervir 4 l (135 fl oz) de agua.
Pelar la cebolla y el ajo y picarlos muy
finamente. Calentar el aceite y freír todo
hasta que queden glaseados. Agregar el
tomate, dejar cocer el conjunto 10 min y
salpimentar.

2 | Sazonar el agua y cocer los macarrones
al dente. Lavar la albahaca, desprender las
hojas y mezclarlas con la salsa. Escurrir la
pasta y servirla con la salsa (con parmesano
recién rallado resulta más sabrosa aún).

Espaguetis con almejas

Spaghetti alle vongole

PARA 4 PERSONAS

➤ 1 kg (2,2 lb) de almejas frescas (almejas de mar, o bien 1 lata de ¼ kg –9 oz–)
| 4 tomates | 2 dientes de ajo | 400 g
(14 oz) de espaguetis | sal | 2 cs de
aceite de oliva | 100 ml (3 ½ fl oz) de
vino blanco, al gusto | 2 cs de perejil
picado | pimienta

1 | Lavar las almejas y dejarlas escurrir.
Pelar los tomates y cortarlos en dados.
Pelar el ajo y picarlo. Cocer los espaguetis.
Calentar el aceite, añadir las almejas, el ajo
y rociar el conjunto con vino blanco. Dejar
que dé un hervor 5 min con la tapadera
puesta. Colar y reservar el fondo. Retirar
las conchas de las almejas (salvo unas
cuantas), calentarlas en el fondo con el
tomate y el perejil, y luego salpimentar.
Colar los espaguetis y mezclar todo.

Sopa fría de pepino

PARA 3 PERSONAS

➤ 2 pepinos │ 1 diente de ajo
2 cs de aceite de oliva │ 800 g (28 oz)
de yogur natural │ sal │ pimienta
azúcar │ el zumo de ¹/₂ limón
1 manojo de eneldo

1 │ Pelar los pepinos, reservar ¹/₄ y cortar
el resto en dados. Pelar el ajo y triturarlo
con los trozos de pepino, el aceite de oliva
y el yogur. Añadir un poco de agua si fuera
necesario.

2 │ Condimentar con sal, pimienta, azúcar
y zumo de limón. Con el pepino restante,
hacer daditos o bolitas. Picar el eneldo en
trozos grandes y decorar la ensalada con
él. Unas tiras de salmón o gambas cocidas
darán color a la decoración.

Sopa de tomate rápida

PARA 3 PERSONAS

➤ 1 lata grande de tomate de 500 g (1 lb)
1 diente de ajo │ sal │ pimienta
azúcar │ 2 cs de ginebra │ ¹/₂ manojo
de albahaca │ 100 g (4 oz) de nata

1 │ Triturar el tomate con ¹/₈ l (4 fl oz)
de agua, pelar el ajo y machacarlo.
Condimentar con sal, pimienta y 2 pizcas
de azúcar. Llevarlo a ebullición y agregar las
2 cs de ginebra.

2 │ Picar las hojas de albahaca muy
finamente. Ponerle a cada ración de sopa
un poco de nata y espolvorear con cebollino
y albahaca. Para esta receta, combina muy
bien un poco de pan de ajo crujiente.

fácil

Ensalada César

PARA 4 PERSONAS

- **1 diente de ajo**
- **100 g (4 oz) de queso parmesano**
- **2 filetes de anchoa**
- **2 yemas de huevo**
- **3 cs de zumo de limón**
- **1 ct de salsa Worcester**
- **1 ct de mostaza**
- **150 ml (5 fl oz) de aceite de oliva | sal**
- **2 rebanadas de pan de molde | pimienta**
- **50 g (1,8 oz) de panceta ahumada**
- **2 cogollos de lechuga romana**

Preparación: 45 min
Aprox. 520 kcal por ración

1 | Pelar el ajo, cortarlo por la mitad y frotar con él la ensaladera. Rallar la mitad del parmesano grueso y la otra mitad, fino. Lavar los filetes de anchoa y cortarlos.

2 | Mezclar la yema de huevo con el zumo de limón, la salsa Worcester, la mostaza, las anchoas, un poco de sal y un poco de pimienta. Incorporar 2 cs de aceite (primero

gota a gota, y después más abundantemente); no dejar de remover hasta conseguir una salsa espesa. Incorporar la ralladura fina de queso parmesano.

3 | Quitarle la corteza al pan y cortarlo en dados pequeños; cortar la panceta también en cuadraditos. Calentar el aceite restante y freír la panceta. Sacarla y dorar el pan.

4 | Limpiar y lavar la lechuga, cortar las hojas y mezclarlas con el aliño. Servir con el parmesano rallado espolvoreado por encima, y con los dados de pan y de panceta.

especialidad de EE. UU.

Cole Slaw

PARA 8 PERSONAS

- **1 repollo blanco pequeño**
- **50 g (1,8 oz) de panceta ahumada | 1 ct de azúcar**
- **1 cs de aceite**
- **300 g (10,6 oz) de zanahorias | 2 manzanas**
- **4 ramas de apio**
- **3 cs de vinagre de manzana**
- **sal | pimienta**
- **300 g (10,6 oz) de mayonesa**
- **2 cs de nueces picadas**

Preparación: 40 min
Aprox. 85 kcal por ración

1 | Limpiar la col y cortarla en 4 trozos, quitarle los tronchos y cortar las hojas en tiras finas. Cortar la panceta en cuadraditos y freírlos hasta que queden muy crujientes. Mezclarlos con las tiras de repollo.

2 | Pelar las zanahorias y las manzanas, quitar las semillas a la manzana. Rallar la zanahoria y la manzana. Limpiar el apio y cortarlo en rodajas finas.

3 | Mezclar la col con el vinagre, la sal, la pimienta y el azúcar, y rectificar de pimienta. Finalmente, añadir la mayonesa y remover. Dejar que la ensalada repose durante 30 min y espolvorear las nueces antes de servir.

SUGERENCIA

A quien le guste el sabor agridulce, puede añadir a la ensalada un trozo de piña (en conserva).

especialidad italiana
Saltimbocca alla Romana

PARA 2 PERSONAS

➤ 4 filetes finos de ternera (de babilla)

pimienta blanca

1 cs de zumo de limón

2 lonchas de jamón de Parma

4 hojas de salvia

1 cs de aceite de oliva

2 cs de mantequilla

1/8 l (4,2 fl oz) de vino blanco

🕐 Preparación: 20 min

➤ Aprox. 485 kcal por ración

1 | Envolver la carne en *film* transparente y machacarla. Condimentarla con pimienta y zumo de limón. Rellenar 2 filetes con el jamón y la salvia. Poner los otros 2 filetes encima y fijarlos con palillos.

2 | Calentar aceite y 1 cs de mantequilla, freír los filetes 2 min por cada lado, y salarlos. Sacarlos de la sartén, envolverlos en papel de aluminio y mantenerlos calientes.

3 | Mezclar el jugo de la sartén con vino tinto y darle un hervor. Agregar la mantequilla restante a la salsa y volver a probarla. Calentar los filetes en la salsa y servirlos de inmediato.

➤ Acompañamiento: *baguette* y calabacín.

➤ Bebida: vino blanco.

fácil
Conejo en salsa de nata

PARA 4 PERSONAS

➤ 1 conejo de 1 1/2 kg (3,3 lb) partido en 8 trozos

1 limón | sal | pimienta

100 g (3,5 oz) de beicon

2 cebollas

4 dientes de ajo

2 cs de mantequilla derretida

1 cs de harina

400 ml (14 fl oz) de caldo de ave envasado

200 g (7 oz) de nata agria

200 g (7 oz) de nata

🕐 Preparación: 2 h

🕐 Marinado: 1 h

➤ Aprox. 990 kcal por ración

1 | Lavar la carne y secarla. Lavar el limón con agua caliente, rallar la piel y exprimir el zumo. Agregarlo a la carne, salpimentar y dejarla macerar durante 1 h.

2 | Precalentar el horno a 180 °C (350 °F) y cortar el beicon en dados. Pelar la cebolla y el ajo, y cortar la cebolla en trozos grandes.

3 | Freír el conejo en 3 cs de mantequilla; agregar el tocino, la cebolla y el ajo. Añadir la harina y el caldo, y mezclarlo con un poco de nata.

4 | Taparlo e introducirlo en el horno 75 min a intensidad media. Ir incorporando la nata, darle vueltas a la carne y regar con la salsa. Sacar el conejo y mantenerlo caliente. Mezclar la nata montada y ponerla al fuego. Rectificar de sal y servir.

➤ Acompañamiento: bolas de patata, lombarda y coles de Bruselas.

➤ Bebida: vino blanco.

para mucha gente
Paella

PARA 6 PERSONAS

➤ 400 g (14 oz) de mejillones

1/8 l (4,2 fl oz) de vino blanco | 2 tomates

200 g (7 oz) de gambas

3 cebollas | 4 chorizos

200 g (7 oz) de filetes de pechuga de pollo

3 dientes de ajo

1 pimiento rojo

7 cs de aceite de oliva

400 g (14 oz) de arroz de grano redondo

1 1/4 l (4,2 fl oz) de caldo de carne | sal

azafrán | pimienta

200 g (7 oz) de guisantes congelados

pimienta de Cayena

1 manojo de perejil

🕐 Preparación: 2 h

➤ Aprox. 690 kcal por ración

1 | Poner los mejillones debajo del grifo y quitarles el biso. Llevar a ebullición 1/8 l (4,2 fl oz) de agua y cocer los mejillones tapados entre 8 y 10 min. Desechar los cerrados. Pelar las gambas, extraerles el intestino y lavarlas.

2 | Cortar en rodajas los chorizos y los filetes de pollo. Pelar los tomates, quitarles el rabillo y cortarlos en 8 trozos. Pelar los ajos y las cebollas, y cortarlos en dados. Limpiar los pimientos y cortarlos en tiras finas.

3 | Precalentar el horno a 180 °C (350 °F) y calentar aceite en una paella. Rehogar el chorizo, el pollo y la verdura, y sacar del aceite.

4 | Freír el arroz, echarle caldo, ponerle el azafrán y los garbanzos. Condimentar con sal, pimienta y pimienta de Cayena. Incorporar los mejillones y las gambas, el chorizo y la carne. Poner en el horno a temperatura media unos 20 o 25 min, hasta que el arroz haya absorbido el caldo (pero sin que se haya pasado). Servir con perejil picado espolvoreado.

➤ Bebida: vino tinto o rosado.

1 **Cocer los mejillones**
Deben abrirse al cocerlos, por lo que debe tirar los que no se abran.

2 **Pelar las gambas**
Quitar la piel de las gambas con unas tijeras de cocina.

3 **Decorar**
Distribuir los mejillones, las gambas, el chorizo y el pollo.

muy famosa

Melocotones Melba

PARA 4 PERSONAS

➤ 6 melocotones pequeños
  ½ vaina de vainilla
  200 g (7 oz) de azúcar
  ¼ kg (9 oz) de frambuesas frescas o congeladas
  75 g (2,6 oz) de azúcar glas
  1 ct de zumo de limón
  2 cs de licor de frambuesas (o zumo de framuesa)
  6 bolas de helado de vainilla

🕐 Preparación: 40 min
➤ Aprox. 430 kcal por ración

1 | Escaldar los melocotones en agua caliente y quitarles la piel. Cortarlos por la mitad y retirar el hueso.

2 | Abrir la vaina de vainilla por la mitad y sacar la pulpa. Poner en un cazo al fuego 125 ml (4,4 fl oz) de agua con la vainilla y el azúcar, y hervir 3 min sin dejar de remover. Poner las mitades de melocotón en el almíbar y dejarlo 5 min.

3 | Triturar las frambuesas (ya descongeladas), pasarlas por un tamiz y hacer una mezcla con el azúcar glas, el zumo de limón y el licor.

4 | Poner las 4 bolas de helado en 4 copas y colocar 3 mitades de melocotón (con el corte hacia arriba) en cada una de ellas. Verter el puré de frambuesas. Puede adornar la copa con frambuesas, nata montada y barquillos.

especialidad italiana

Zabaione

PARA 4 PERSONAS

➤ 4 yemas de huevo
  50 g (1,8 oz) de azúcar
  ½ ct de ralladura de limón
  8 cs de Marsala *fine* o *all'uovo*

🕐 Preparación: 20 min
➤ Aprox. 165 kcal por ración

1 | Poner en un cazo una cantidad de agua como para poner la crema al baño María. Es importante que el recipiente no toque el fondo del cazo, para que no se formen una especie de huevos revueltos. Calentar el agua hasta alcanzar el punto de ebullición.

2 | Batir en un recipiente las yemas de huevo y el azúcar con la batidora hasta conseguir una mezcla cremosa. Poner el recipiente en el agua, que hemos calentado previamente, e ir mezclando poco a poco la ralladura de limón y el Marsala. Seguir removiendo la crema hasta conseguir que el contenido del recipiente se haya duplicado y forme espuma.

3 | Retirar del fuego la crema y verterla en cuencos o en vasos y, si lo desea, adornarla con chocolate en polvo.

➤ Variante: en Francia el *zabaione* clásico se sirve con vino blanco seco. Puede servirlo frío; para ello, debe enfriar la crema con agua fría y luego seguir removiéndola.

vegetariana

Pastel de berenjenas

Parmigiana di melanzane

PARA 6 PERSONAS

➤ 1 cebolla | 2 cs de aceite de oliva

800 g (28 oz) de tomate troceado (en conserva)

1 hoja de laurel | sal | pimienta

1 pizca de azúcar

4 berenjenas (800 g −28 oz– aprox.)

150 g (5 oz) de parmesano

250 g (9 oz) de *mozzarella*

2 manojos de albahaca

aceite para freír

🕐 Elaboración: 1 h
🕐 Horneado: aprox. 40 min
➤ Aprox. 355 kcal por ración

1 | Pelar la cebolla y picarla finamente. Calentar el aceite y freír la cebolla hasta que quede transparente. Añadir el tomate y el laurel y dejar que se haga durante 30 min. Retirar el laurel. Condimentar con sal, pimienta y azúcar.

2 | Lavar las berenjenas, cortarlas en rodajas de 1 cm (0,4 pulgadas) de grosor, sazonarlas y dejarlas en agua 10 min. Escurrir la *mozzarella* y cortarla en dados. Lavar la albahaca, secarla y desmenuzar las hojas *grosso modo*.

3 | Secar las berenjenas con papel de cocina. Calentar el aceite y freírlas berenjenas por raciones a fuego medio hasta que se doren. Retirarlas y ponerlas sobre papel de cocina para soltar la grasa.

4 | Precalentar el horno a 180 ºC (350 ºF). Disponer las berenjenas a modo de tejas con la salsa de tomate, la albahaca, la *mozzarella* y el parmesano en un molde (20 x 30 cm –8 x 12 pulgadas–) y espolvorearlas con parmesano. Hornear durante 40 min a 160 ºC (320 ºF).

sabrosa también fría

Tortilla de calabacín

Frittata di zucchine

PARA 4 PERSONAS

➤ 600 g (21,2 oz) de calabacines pequeños

2 cs de harina | 6 cs de aceite | sal

1 manojo de hierbas aromáticas (p. ej., perejil, tomillo, salvia) | 6 huevos

🕐 Elaboración: 40 min
➤ Aprox. 305 kcal por ración

1 | Lavar los calabacines y cortarlos a lo largo en lonchas de 5 mm (0,2 pulgadas). Espolvorearlos con la harina. Calentar 1 cs de aceite cada vez y freír los calabacines por ambos lados entre 4 y 5 min, hasta que se doren; sazonarlos y escurrirlos sobre papel de cocina.

2 | Lavar las hierbas aromáticas, secarlas y picar finamente las hojas. Batir los huevos con las hierbas y un poco de sal.

3 | Calentar un poco de aceite en la sartén a fuego medio y agregar la mitad de la mezcla de huevo. Disponer los calabacines formando una capa, y después agregar la mezcla de huevo restante. Dejar que cuaje entre 8 y 10 min. Remover (colocar una tapadera plana o un plato encima, darle la vuelta y volver a deslizar la *frittata* de nuevo en la sartén), y dejar que se termine de hacer otros 5 u 8 min. Servirla partida en trozos.

de Bolonia
Lasaña

PARA 6 PERSONAS

➤ 1 cebolla | 2 dientes de ajo | 1 zanahoria

1 tallo de apio

3 cs de aceite de oliva

400 g (14 oz) de carne picada (de buey o mezclada)

800 g (28 oz) de tomates troceados (en conserva)

1 hoja de laurel

sal | pimienta | azúcar

½ l (17 fl oz) de leche

50 g (2 oz) de mantequilla

2 cs de harina

100 g (4 oz) de parmesano recién rallado

350 g (12 oz) de hojas de lasaña –sin precocinar–

🕓 Elaboración: 1 h
🕓 Horneado: aprox. 25 min
➤ Aprox. 660 kcal por ración

1 | Pelar o limpiar la cebolla, el ajo y el apio, y cortar todo en daditos. Calentar el aceite y freír las verduras y la carne picada. Añadir los tomates y el laurel y cocer el conjunto 30 min con la tapadera puesta, removiendo de vez en cuando. Rectificar el sabor con sal, pimienta y una pizca de azúcar.

2 | Calentar la leche y la mantequilla. Agregar la harina, mezclar con las varillas de la batidora y dejar que dé un hervor a fuego fuerte 2 min. Retirar del fuego e incorporar la mitad del parmesano.

3 | Precalentar el horno a 200 ºC (400 ºF). Extender las hojas de lasaña en un molde resistente al fuego, repartir un tercio de la carne picada y añadir un poco de salsa besamel por encima. Montar el resto de las capas de la misma manera, finalizando con hojas de lasaña y salsa besamel. Espolvorear después el parmesano restante. Hornear 30 min (bandeja central, a 200 ºC –400 ºF–).

vegetariana
Canelones con espinacas
Cannelloni di magro

PARA 4 PERSONAS

➤ 1 kg (2,2 lb) de espinacas (o 450 g –16 oz– de espinacas congeladas)

sal | ½ kg (17 oz) de ricota | pimienta

nuez moscada recién rallada | ½ l (9 fl oz) de leche

35 g (1,2 oz) de mantequilla

1 cs de harina | 12 hojas de lasaña | 100 g (4 oz) de queso fontina en lonchas

🕓 Elaboración: 45 min
🕓 Horneado: aprox. 20 min
➤ Aprox. 630 kcal por ración

1 | Limpiar las espinacas y lavarlas. Ponerles sal y cocerlas 5 min en un recipiente. Colarlas y dejarlas enfriar.

2 | Escurrir las espinacas y picarlas con grosor. Mezclarlas con el ricota, la sal, la pimienta y la nuez moscada. Calentar la leche y 25 g (0,9 oz) de mantequilla. Añadir la harina, pasar todo por la batidora y dejar que dé un hervor durante 2 min. Untar un molde resistente al fuego con la mantequilla restante.

3 | Precalentar el horno a 220 ºC (425 ºF). Precocer la lasaña en agua con sal 5 min y escurrirla. Repartir 2 cs de relleno en cada hoja, enrollarla y disponerla en el molde. Repartir la salsa y el queso por encima y hornear 20 min.

de Sicilia
Cuscús con marisco
Cuscus ai frutti di mare

PARA 6 PERSONAS

➤ 1 kg (2,2 lb) de marisco (mejillones, langostinos, calamares, etc., frescos o congelados)

3 cs de pasas | 3 cs de vino de Marsala

400 g (14 oz) de zanahorias

400 g (14 oz) de patatas

400 g (14 oz) de calabacines pequeños

1 l (35 fl oz) de caldo concentrado de verduras

1 guindilla seca

1 lata pequeña de garbanzos (240 g –8,5 oz– de peso escurrido)

300 g (10,6 oz) de cuscús instantáneo | sal

🕐 Elaboración: 1 h
➤ Aprox. 455 kcal por ración

1 | Enjuagar el marisco y dejarlo escurrir. Remojar las pasas en el vino de Marsala.

2 | Limpiar las zanahorias, pelarlas, cortarlas longitudinalmente en cuartos y después en bastoncitos de 3 cm (1,18 pulgadas). Pelar

las patatas y cortarlas en dados grandes. Lavar y limpiar los calabacines, cortarlos por la mitad longitudinalmente y después en trozos de 1 cm (0,4 pulgadas) de grosor. Hervir el caldo y agregar la guindilla cortada. Cocer primero las zanahorias y las patatas 10 min. Después, agregar los calabacines. Al cabo de otros 5 min, incorporar el marisco y dejar reposar todo 10 min.

3 | Enjuagar los garbanzos. Preparar el cuscús según las indicaciones del envoltorio en 400 ml (14 fl oz) de agua con sal; a continuación, añadir los garbanzos y las pasas con el líquido del remojo. Servir en una fuente grande.

sencilla
Cazuela de pescado a la livornesa
Cacciucco alla livornese

PARA 4 PERSONAS

➤ 1 kg (2,2 lb) de filetes de pescado y mariscos (rape, barbo, merluza, calamares, langostinos, etc.)

1 cebolla | 4 dientes de ajo

1 zanahoria | 1 tallo de apio | 6 cs de aceite de oliva

1/8 l (4,2 fl oz) de vino tinto

1/2 kg (17 oz) de tomates maduros

1/2 l (17 fl oz) de caldo de pescado

1 guindilla seca | sal

2 cs de perejil picado

4 rebanadas de *ciabatta*

🕐 Elaboración: 50 min
➤ Aprox. 550 kcal por ración

1 | Lavar el pescado y trocearlo. Pelar los langostinos. Limpiar los calamares, retirar la cabeza y la quitina y cortar en aros.

2 | Pelar la cebolla y el ajo y picarlos finamente. Pelar las verduras, o limpiarlas y cortarlas en daditos. Calentar 4 cs de aceite y freír el conjunto. Agregar los calamares y el vino tinto, y pocharlos 10 min.

3 | Pelar los tomates, sacar la pulpa y cortarlos en dados. Echarlos en la cazuela con el caldo. Condimentar con la guindilla, el perejil y la sal. Añadir el pescado y los langostinos y dejar reposar 10 min. Freír la *ciabatta* en el aceite restante y servir.

algo especial

Panna cotta

PARA 4 PERSONAS

- ➤ 4 hojas de gelatina blanca
  500 g (17 oz) de nata
  3 cs de azúcar
  1 vaina de vainilla
  2 naranjas
  1 granada
  20 g (1 oz) de mantequilla

- 🕐 Elaboración: 25 min
- 🕐 Enfriado: 2 h
- ➤ Aprox. 520 kcal por ración

1 | Remojar la gelatina en agua fría. Calentar 2 cs de azúcar con la nata. Partir la vaina de vainilla a lo largo, retirar la pulpa y agregarla. Hervir la nata durante 3 min. Retirarla del fuego, prensar la gelatina y disolverla sin dejar de remover. Verter todo en 4 moldes (de $^1/_8$ l –4,2 fl oz– de contenido) y dejar el postre en la nevera 2 h hasta que cuaje.

2 | Pelar la piel de la naranja (incluida la de los gajos) y reservar el zumo. Partir la granada por la mitad, sacar los granos (semillas) y reservar también el jugo.

3 | Calentar la mantequilla y el resto del azúcar en una sartén y caramelizarlo. Mezclar el zumo de naranja con el de la granada y hervirlo a fuego fuerte. Calentar brevemente los gajos de naranja.

4 | Desprender la *panna cotta* de los moldes con un cuchillo, colocarla en los platos de postre, rodearla con los gajos de naranja pelados y la salsa, y espolvorear con los granos de la granada.

sencilla

Tiramisú

PARA 6 PERSONAS

- ➤ 200 g (7 oz) de nata
  3 yemas de huevo muy frescas
  3 cs de azúcar en polvo
  $^1/_4$ kg (9 oz) de mascarpone
  200 ml (7 fl oz) de café fuerte
  50 ml (2 fl oz) de licor de almendras (p. ej. Amaretto)
  50 ml (2 fl oz) de *vecchia romagna* (se puede sustituir por *brandy*)
  200 g (8 oz) de bizcochos de soletilla
  2 cs de cacao en polvo

- 🕐 Elaboración: 25 min
- 🕐 Enfriado: 4 h
- ➤ Aprox. 530 kcal por ración

1 | Montar la nata. Batir las yemas y el azúcar en polvo 5 min hasta formar una crema. Añadir el mascarpone y después ligarlo con la nata.

2 | En una fuente plana, mezclar el café, el licor de almendras y el Vecchia Romana. Untar 2 cs de la crema en el fondo de un molde rectangular (15 x 25 cm –5,9 x 10 pulgadas–). Empapar 1 seg cada uno de los bizcochos en la mezcla del café y colocarlos unos junto a otros en el molde.

3 | Repartir la mitad de la crema por encima. Empapar el resto de los bizcochos, colocarlos y cubrirlos con la crema restante. Con una cuchara, hacer unas decorativas ondas en la superficie. Dejar enfriar 4 h. Antes de servir, espolvorear cacao en polvo por encima.

- ➤ Variante: quien desee ahorrarse unas cuantas calorías, puede sustituir la mitad del mascarpone por quark con un 0,2% de materia grasa.

En la parte inferior: Panna cotta En la parte superior: Tiramisú ➤

Recetas para...

Los que no pueden pasar sin pescado

Recetas sencillas para disfrutar a diario

Recetas rápidas

Hamburguesas de pescado

PARA 4 PERSONAS

➤ ¹/₂ kg (17 oz) de filetes de salmón │ 2 cs
de zumo de limón │ 2 huevos │ 50 g
(1,8 oz) de *crème fraîche* │ 3 cs de pan
rallado │ 1 cs de mostaza │ 1 cs de piel
de limón rallada │ salsa Worcester │
3 cs de aceite de oliva │ 4 panecillos │
unas hojas de lechuga │ salsa mayonesa con mostaza │ sal │ pimienta

1 │ Hervir el pescado 10 min en un poco
de agua con zumo de limón, sal y pimienta
con la tapadera puesta. Escurrirlo con
papel de cocina y desmenuzarlo. Añadir
los demás ingredientes, excepto el
aceite, y condimentarlo. Darle forma
de hamburguesas y freírlo. Servir con
panecillos partidos por la mitad, lechuga y
salsa mayonesa con mostaza.

Pescado hervido a la crema de mostaza

PARA 4 PERSONAS

➤ 800 g (28 oz) de pescado en filetes
3 cs de zumo de limón
200 g (7 oz) de nata
100 ml (3,5 fl oz) de fondo de pescado
1 cs de mostaza picante │ nuez
moscada rallada │ sal │ pimienta

1 │ Marinar el pescado con zumo de limón
y salpimentarlo ligeramente. Llevar a
ebullición la nata con el fondo y cocer el
conjunto 10 min a fuego lento.

2 │ Agregar el pescado y cocinarlo a fuego
lento durante 6 min. Retirarlo del fuego y
mantenerlo caliente. Añadir la mostaza a
la salsa hasta obtener una mezcla cremosa,
llevarla a ebullición y condimentarla.

Gambas al ajillo

PARA 4 PERSONAS

➤ 400 g (14 oz) de gambas crudas sin pelar
6 dientes de ajo │ 6 cs de aceite de oliva
2 cs de zumo de limón
sal │ pimienta

1 │ Dar un corte a las gambas en el lomo y
retirar el intestino. Pelar el ajo y laminarlo.

2 │ Calentar el aceite, freír el ajo a fuego
suave. Añadir las gambas y freírlas durante
3 min. Condimentarlas con sal, pimienta y
zumo de limón. Servirlas calientes con pan
y vino blanco.

Boquerones fritos

PARA 4 PERSONAS

➤ ¹/₂ kg (17 oz) de boquerones frescos,
listos para cocinar
6 cs de harina │ aceite para freír
1 limón │ sal │ pimienta

1 │ Lavar el pescado y secarlo con un paño.
Salpimentar los boquerones y pasarlos
ligeramente por harina.

2 │ Calentar abundante aceite en una
sartén, freír los boquerones por raciones
aproximadamente 5 min hasta que esté
crujientes. Escurrirlos y servirlos calientes
con limón cortado en rodajas.

para un bufé

Rollitos de pescado en *balsamico*

PARA 4 PERSONAS

➤ 2 calabacines pequeños
5 cs de aceite de oliva
2 cs de zumo de limón
½ (17 oz) de filetes de platija | 2 cs de *crème frâiche* | hojitas de albahaca
⅛ l (4,2 fl oz) de caldo suave de verduras
3 cs de *aceto balsamico*
sal | pimienta negra

🕐 Preparación: 35 min
🕐 Marinada: 12 h
➤ Aprox. 220 kcal por ración

1 | Lavar los calabacines, cortarlos en rodajas y, después, en bastoncitos. Calentar 1 cs de aceite y freírlos sin dejar de remover unos 2 min. Condimentarlos con sal, pimienta y 1 cs de zumo de limón.

2 | Sazonar los filetes de platija, rociarlos con el zumo de limón restante y untarlos con *crème fraîche*. Cortar el pescado en tiras de 3 cm (1,18 pulgadas) de ancho. Cubrirlas con los bastoncitos de calabacín y enrollarlas.

3 | Disponer los rollitos en vertical (uno junto a otro) en una cazuela. Añadir el caldo y cocerlos con la tapadera puesta a fuego medio unos 10 min.

4 | Retirar la cazuela del fuego y rociar el pescado con *aceto balsamico*, el aceite de oliva restante y salpimentar. Una vez frío, dejar macerar el conjunto en la nevera. Sacarlo 1 h antes de servir y decorarlo con albahaca.

➤ Guarnición: pan blanco.
➤ Bebida: vino blanco seco y ligero o cava.

para llevar

Bolitas de pescado

PARA 4 PERSONAS

➤ 50 g (2 oz) de pan blanco duro | 350 g (12,3 oz) de pescado en filetes (salmón o bacalao) | ½ ct de cilantro en polvo | 1 huevo | pan rallado | sal

1 cs de piel de naranja rallada | 1 cs de zumo de naranja | pimienta negra
½ manojo de perejil | ½ l (17 fl oz) de aceite para freír

🕐 Preparación: 35 min
➤ Aprox. 260 kcal por ración

1 | Trocear el pan blanco y remojarlo en agua fría. Retirarle las espinas al pescado y cortarlo en trocitos. Condimentarlo con sal, pimienta, cilantro y piel de naranja.

2 | Escurrir bien el pan y hacer un puré con ello, el pescado y el zumo de naranja en la batidora. Incorporar el huevo, lavar el perejil, picarlo finamente y agregarlo. Salpimentar bien el conjunto.

3 | Calentar bien el aceite en una sartén grande o en la freidora. Dar forma a una bolita con la masa de pescado y echarla en la sartén a modo de prueba. Si se deshace, significa que la masa está demasiado blanda, por lo que habría que añadir más miga de pan. Terminar de dar forma a todas las bolitas y freírlas por raciones hasta que estén crujientes. Dejar que escurran el aceite sobre papel de cocina y servirlas recién hechas, tibias o frías.

➤ Guarnición: mayonesa con ajo o salsa de chile.
➤ Bebida: cerveza o vino rosado.

mediterránea

Mejillones al horno

PARA 4 PERSONAS

➤ 1 kg (2,2 lb) de mejillones frescos | ¼ l (9 fl oz) de vino blanco

1 cebolla | 2 dientes de ajo

1 bote de tomate triturado (½ kg –17 oz–)

150 g (6 oz) de *mozzarella*

2 cs de hierbas aromáticas picadas | 2 cs de zumo de limón | 6 cs de aceite de oliva | 50 g (2 oz) de queso duro rallado

sal | pimienta negra

🕐 Preparación: 40 min
➤ Aprox. 360 kcal por ración

1 | Enjuagar los mejillones y retirar los que estén abiertos. Pelar la cebolla y el ajo y cortarlos en pedazos gruesos. Verter ambos ingredientes junto con los mejillones en una cazuela, agregar el vino y llevar el conjunto a ebullición con la tapadera puesta. Cocer los mejillones aproximadamente 5 min hasta que se abran las valvas. Retirarlos del fuego y seleccionarlos de nuevo.

2 | Colar el jugo de los mejillones. Verterlo de nuevo de una cazuela con los tomates, dejándolo hervir hasta que el conjunto espese. Salpimentar bien. Precalentar el horno a 225 ºC (435 ºF). Separar los mejillones y retirar las valvas vacías. Separar la carne de los mejillones y volver a depositarla en una valva/concha.

3 | Verter la salsa de tomate en un recipiente poco hondo resistente al horno. Cortar la *mozzarella* en daditos. Mezclarla con el zumo de limón, las hierbas aromáticas y 4 cs de aceite, y salpimentar. Repartir la mezcla sobre los mejillones. Espolvorearlos con queso rallado, rociarlos con el aceite y hornearlos 10 min (bandeja central). Servirlos calientes.

➤ Guarnición: pan blanco recién horneado.
➤ Bebida: vino blanco.

sabrosa también fría

Tortilla de pescado

PARA 4 PERSONAS

➤ ¼ kg (9 oz) de pescado ahumado (caballa, arenque ahumado)

1 cs de zumo de limón

1 cs de eneldo picado

6 huevos | 2 cs de mantequilla | sal | pimienta

50 g (2 oz) de aceitunas verdes rellenas de pimiento

🕐 Preparación: 25 min
➤ Aprox. 310 kcal por ración

1 | Retirar la cabeza, la piel y las espinas al pescado ahumado y desmenuzarlo. Agregar el zumo de limón y el eneldo.

2 | Batir los huevos y salpimentar. Fundir la mantequilla en una sartén grande y repartir el pescado de manera uniforme. Verter los huevos y dejar que cuajen durante 4-6 min a fuego medio sin remover. Cortar las aceitunas en rodajitas.

3 | Separar la tortilla del fondo de la sartén con unas sacudidas. Colocarla en un plato, voltearla y devolverla a la sartén. Agregar las aceitunas y terminar de hacerla. Cortarla en trozos y servirla caliente, tibia o fría.

➤ Guarnición: salsa de tomate picante fría.

fácil de preparar | asiática

Curry de pescado

PARA 4 PERSONAS

- ➤ **600 g (21,2 oz) de pescado en filetes (gallineta o bacalao)**
  5 cs de zumo de limón
  2 cs de *curry* en polvo (suave o fuerte)
  200 g (7 oz) de champiñones naturales
  1 manojo de cebolletas
  2 chiles rojos (naturales o secos)
  1 trozo de jengibre natural (del tamaño de 1 nuez)
  5 cs de aceite | 1 ½ cs de harina | sal | pimienta
  ½ ct de comino molido
  ½ ct de cilantro molido
  ⅛ l (4,2 fl oz) de caldo de ave (instantáneo)
  125 g (4,4 oz) de nata

🕐 Preparación: 45 min
➤ Aprox. 380 kcal por ración

1 | Cortar los filetes de pescado en dados de unos 3 cm (1,18 pulgadas). Sazonarlo ligeramente, rociarlo con 2-3 cs de zumo de limón y espolvorearlo con *curry* en polvo.

2 | Limpiar los champiñones, cortar los tallos y trocearlos.

Limpiar las cebolletas, lavarlas y cortarlas en trozos de 1 cm (0,4 pulgadas) de largo.

3 | Abrir los chiles longitudinalmente y retirar las semillas. Cortarlos en aros (y lavarse las manos enseguida). Pelar el jengibre y picarlo fino.

4 | Calentar 2 cs de aceite en una sartén grande o en un *wok*. Añadir los champiñones y las cebolletas y saltearlos 5 min sin dejar de remover. Retirar el conjunto de la sartén y mantenerlo caliente con la tapadera puesta.

5 | Verter el aceite restante en una sartén y calentarlo. Espolvorear el pescado con un poco de harina y freírlo 5 min hasta que esté crujiente. Retirarlo, mezclarlo con las verduras y salpimentarlo ligeramente. Conservarlo caliente con la tapadera puesta.

6 | Incorporar el jengibre y los aros de chile en la grasa de la sartén. Espolvorear el *curry* en polvo, el comino y el cilantro, dándole unas vueltas. Agregar el caldo y la nata y llevarlo a ebullición a fuego fuerte. Condimentar con sal, pimienta y zumo de limón. Bajar el fuego y dejar que espese un poco.

7 | Verter el pescado y las verduras en la salsa caliente y servir inmediatamente.

➤ Guarnición: arroz.
➤ Bebida: cerveza.

CONSEJO

Pasta en vez de *curry* en polvo
- ➤ Puede utilizar también pasta de *curry* precocinada (envasada) para condimentar: en las tiendas asiáticas hay diferentes tipos, y se conserva durante varias semanas abierta en la nevera.
- ➤ La dosificación se hace con una cuchara de postre, y se prueba siempre para evitar que el plato esté demasiado picante.

vistosa

Sopa primaveral con platija

PARA 4 PERSONAS

➤ 100 g (3,5 oz) de tirabeques
3 zanahorias tiernas
1 raíz de perejil
½ l (17 fl oz) de fondo de pescado
¼ l (9 fl oz) de vino blanco semiseco
400 g (14 oz) de platija (o rodaballo) en filetes
½ ct de pimienta rosa en grano | sal

🕐 Preparación: 30 min
➤ Aprox. 140 kcal por ración

1 | Limpiar y lavar los tirabeques, retirándoles las hebras. Cortarlos en trocitos. Limpiar las zanahorias y la raíz de perejil. Cortarlos longitudinalmente en rodajas y después en daditos.

2 | Mezclar el fondo de pescado con vino blanco y añadir agua hasta llegar a 1 l (34 fl oz). Llevar el conjunto a ebullición con la tapadera puesta.

3 | Cortar el filete de platija crudo en lonchas finas

y repartirlas en 4 platos precalentados. Machacar los granos de pimienta en el mortero. Sazonar un poco el pescado y espolvorearlo con la pimienta.

4 | Cocer las verduras en el caldo de pescado 1 min aprox. para que queden crujientes. Verter cuidadosamente la sopa caliente con las verduras en los platos preparados con el pescado. Dejarla reposar un poco para que el pescado se termine de hacer y servirla aún caliente.

clásica

Mejillones en vino blanco

PARA 4 PERSONAS

➤ 2 ½ kg (5,5 oz) de mejillones frescos
2 cebollas
4 dientes de ajo
½ l (26,5 fl oz) de vino blanco
2 hojas de laurel
1 manojo de perejil
1 ct de piel rallada de limón
sal | pimienta

🕐 Preparación: 30 min
➤ Aprox. 190 kcal por ración

1 | Limpiar bien los mejillones, seleccionar los que estén abiertos y desecharlos.

2 | Pelar la cebolla y el ajo. Cortar la cebolla en aros y picar grueso el ajo.

3 | En una cazuela grande, verter el vino, la cebolla, el ajo y las hojas de laurel, dejar que dé un hervor y salpimentar.

4 | Verter los mejillones en la cazuela y cocerlos entre 10 y 12 min con la tapadera puesta. Mientras, lavar y picar finamente el perejil.

5 | Examinar los mejillones y retirar los que estén aún cerrados. Mezclar el perejil y la piel de limón con los mejillones y servirlos calientes.

➤ Guarnición: pan blanco muy crujiente.
➤ Bebida: vino blanco seco.

mediterránea | estival

Sardinas asadas con alioli

PARA 4 PERSONAS

➤ 800 g (28 oz) de sardinas frescas listas para cocinar (o congeladas)

2 pimientos (1 rojo y 1 verde) | 3 dientes de ajo

1 yema de huevo (a temperatura ambiente)

150 ml (5 fl oz) de aceite de oliva aromático prensado en frío para la parrilla

2 cs de zumo de limón

aceite de oliva | sal pimienta negra

🕐 Preparación: 35 min
➤ Aprox. 600 kcal por ración

1 | Lavar las sardinas frescas (o descongelarlas, si fuera el caso), limpiarlas bien y secarlas un poco. Sazonarlas por dentro y por fuera. Lavar los pimientos, partirlos en cuartos y limpiarlos.

2 | Para el alioli, pelar el ajo y machacarlo. Incorporar la yema y la sal en un bol, y agregar aceite de oliva poco a poco sin dejar de remover, hasta obtener una cremosa

mayonesa (también se puede hacer con la batidora). Condimentar con zumo de limón, sal y pimienta.

3 | Untar las sardinas y los pimientos troceados con aceite de oliva. Disponerlos sobre papel de aluminio untado con aceite y asar el conjunto 10 min, preferiblemente en la barbacoa al aire libre (o en la parrilla del horno, si fuera necesario).

➤ Guarnición: pan blanco.
➤ Bebida: cerveza.

económica | para niños

Barritas de salmón con salsa de aguacate

PARA 4 PERSONAS

➤ 1 aguacate maduro

4 cs de zumo de limón

1 tomate grande maduro

2 cebolletas

6 cs de aceite de oliva

½ manojo de perejil

800 g (28 oz) de salmón en filetes

1 cs de harina | 1 huevo

100 g (4 oz) de pan rallado grueso

sal | pimienta

🕐 Preparación: 45 min
➤ Aprox. 530 kcal por ración

1 | Partir por la mitad el aguacate y sacar el hueso. Pelarlo y picarlo bien. Incorporar enseguida el zumo de limón.

2 | Escaldar el tomate, pelarlo y picarlo. Lavar las cebolletas, lavarlas y picarlas con el aguacate. Incorporar 2 cs de aceite y condimentar la salsa con sal y pimienta. Lavar el perejil, picarlo finamente y mezclarlo con la salsa.

3 | Cortar el pescado en barritas del grosor de un dedo. Salpimentarlo y espolvorearlo ligeramente con harina. Batir el huevo en un plato, pasar las barritas por el huevo y rebozarlas con pan rallado.

4 | Verter el aceite restante en una sartén grande y freír las barritas de pescado 5 min por cada lado, hasta que estén crujientes. Servirlas con la salsa.

➤ Guarnición: ensalada de patatas.

rápida | para niños

Cordon Bleu de pescado

PARA 4 PERSONAS

➤ 4 filetes de pescado no muy finos (bacalao, gallineta, salmón)

4 lonchas de jamón cocido

4 lonchas de gouda tierno

2 cs de harina | 1 huevo

8 cs de pan rallado

4 cs de aceite | 1 cs de mantequilla | 1 limón

sal | pimienta

⏱ Preparación: 25 min

➤ Aprox. 430 kcal por ración

1 | Cortar los filetes de pescado a modo de libros y abrirlos. Condimentarlos con sal, pimienta y el zumo de ¹/₂ limón. Rellenarlos con 1 loncha de jamón y otra de queso y cerrarlos (disponer el jamón y el queso de manera que no sobresalga nada).

2 | Espolvorear los «libritos» rellenos con una ligera capa de harina. Batir el huevo y untar los filetes. Rebozarlos con pan rallado (presionando para que queden bien empanados).

3 | Calentar el aceite y fundir la mantequilla. Freír el pescado aproximadamente 5 min por cada lado. Servir con unos trozos de limón.

➤ Guarnición: espaguetis con tomate.

Para ello, basta mezclar 400 g (14 oz) de espaguetis cocidos al dente con ¹/₄ l (9 fl oz) de salsa de tomate caliente, 2 cs de nata, y condimentar con una pizca de azúcar. Luego, espolvorear cebollino por encima.

clásica | para niños

Calamares rebozados

PARA 4 PERSONAS

➤ 600 g (21,2 oz) de calamares listos para cocinar (frescos o congelados)

2 cs de zumo de limón

2 cs de aceite de oliva

2 huevos | 150 g (5 oz) de harina | ¹/₈ l (4,2 fl oz) de agua mineral

aceite para freír (¹/₂ l –17 fl oz–) | 2 limones

sal | pimienta

⏱ Preparación: 50 min

➤ Aprox. 500 kcal por ración

1 | Llevar a ebullición 2 l (68 fl oz) de agua con sal. Lavar bien los calamares. Echarlos en la cazuela y dejarlos hervir 1 min. Colarlos, pasarlos por agua fría y secarlos un poco. Cortar los calamares en aros de 1 cm (0,39 pulgadas) de ancho aproximadamente Salpimentarlos ligeramente, añadir zumo de limón y aceite de oliva, y mezclar el conjunto.

2 | Separar el huevo. Mezclar la harina con la yema, una pizca de sal y el agua mineral. Dejar reposar todo al menos 15 min. Batir la clara a punto de nieve y añadirla.

3 | Calentar el aceite en una freidora. Con un tenedor, pasar los calamares en aros por la masa. Echar los calamares en la grasa caliente por raciones y freírlos entre 2 y 3 min, hasta que se doren. Mientras, darles la vuelta con una cuchara de cocina para que adquieran un color uniforme. Escurrirlos sobre papel de cocina y servirlos con 1 limón cortado en cuartos.

➤ Guarnición: ensalada mixta y alioli.

sencilla | clásica

Fondue de pescado

PARA 4 PERSONAS

➤ 600 g (21,2 oz) de pescado refinado (salmón, platija o siluro) | ¼ kg (9 oz) de gambas crudas peladas

hojas de lechuga y hierbas aromáticas para decorar

200 g (7 oz) de champiñones frescos | 3 limones

2 manojos de cebolletas

2 calabacines pequeños

200 g (7 oz) de tirabeques

3 l (101 fl oz) de fondo de pescado o caldo de pollo

4 coladores de rejilla metálica para la *fondue*

🕐 Preparación: 20 min

➤ Aprox. 420 kcal por ración

1 | Cortar los filetes de pescado en «bocaditos». Repartirlos junto con las gambas en varias fuentes con hojas de lechuga y ramitas de hierbas aromáticas. Rociar el pescado y las gambas con un poco de zumo de limón.

2 | Limpiar los champiñones, partirlos por la mitad o en cuartos y condimentarlos con unas gotas de zumo de limón. Limpiar las cebolletas, lavarlas, cortar las partes claras en trozos y utilizar las oscuras para la salsa verde.

3 | Lavar los calabacines y limpiarlos, partirlos por la mitad longitudinalmente y después en rodajas finas. Limpiar los tirabeques, lavarlos y disponer las verduras decorativamente.

4 | En una cazuela, llevar a ebullición el fondo de pescado o el caldo de pollo y condimentarlo con zumo de limón. Poco antes de comer, verter el líquido hirviendo en la sopera de la *fondue* y disponerlo sobre el hornillo.

5 | Llenar el colador con el pescado, las gambas y las verduras, sumergirlo en el caldo y cocerlo unos instantes. Servir las salsas en cuencos (véase izquierda). Agregar caldo al recipiente de la *fondue* en la medida que sea necesario. Para terminar, cocer las verduras restantes en el jugo y servirlas como una sopa.

➤ Guarnición: salsas y pan.

➤ Bebida: vino blanco.

CONSEJOS

Salsas para la *fondue*

➤ **Salsa verde:** lavar ½ manojo de eneldo, perejil y cebolletas respectivamente (véase arriba) y picarlas bien. Añadir la *crème fraîche*, 1 cs de zumo de limón, hacer un puré y salpimentarla.

➤ **Salsa de ajo y chile:** retirar las semillas a 1 chile y picarlo; machacar 3 dientes de ajo. Mezclarlos bien con 2 cs de vinagre y 100 ml (3,5 fl oz) de aceite.

➤ **Crema de *curry*:** mezclar 200 g (7 oz) de yogur y 2 cs de mayonesa. Por otro lado, mezclar 1 cs de *curry* en polvo con 1 cs de aceite de sésamo e incorporar a la crema de yogur. Condimentarla con zumo de limón, sal, pimienta y eneldo.

gustoso | clásico

Carpa en rebozado de cerveza

PARA 4 PERSONAS

➤ 400 g (14 oz) de carpa en filetes | 3 cs de zumo de limón

200 g (7 oz) de harina

2 huevos, separados

¼ l (9 fl oz) de cerveza clara | manteca para freír

sal | pimienta

⏲ Preparación: 1 h
➤ Aprox. 430 kcal por ración

1 | Cortar los filetes de carpa en trozos de unos 3 cm (1,18 pulgadas) de largo y un dedo de ancho. Marinarlos con el zumo de limón.

2 | Tamizar la harina. Mezclarla con 1 ct de sal, 2 yemas y la cerveza hasta obtener una masa cremosa. Dejarla reposar aproximadamente 20 min y calentar la manteca en una sartén grande o en una freidora.

3 | Batir las claras a punto de nieve y añadirlas a la masa. Secar el pescado troceado con papel de cocina y salpimentarlo ligeramente.

4 | Rebozar bien el pescado en la masa con un tenedor. Sumergirlo en la freidora en porciones hasta que se dore. Escurrirlo bien y servirlo caliente.

➤ Guarnición: ensalada de col blanca con tiras de pimiento rojo y perejil.
➤ Bebida: cerveza.

fácil | bajo en calorías

Lubina a la sal

PARA 4 PERSONAS

➤ 1 lubina lista para cocinar (de 1 ¼ kg –2,6 lb–, o 1 trucha asalmonada)

½ manojo de rúcula

2 ½ kg (3 ½ lb) de sal marina gorda o sal normal

2 claras

⏲ Preparación: 1 h
➤ Aprox. 160 kcal por ración

1 | Pasar el pescado por agua fría y secarlo. Lavar la rúcula e introducirla en la cavidad ventral. Doblar bien un lomo sobre otro para que la sal no penetre durante la cocción.

2 | Precalentar el horno a 250 ºC (480 ºF). En un recipiente, mezclar bien la sal con unos 200 ml (7 fl oz) de agua fría y las 2 claras. Echar una capa de sal de unos 2 cm (0,78 pulgadas) en la bandeja del horno o en una sartén engrasada.

3 | Colocar el pescado en el centro del lecho de sal. Repartir la masa de sal restante por encima, cubrirlo y presionar para que el conjunto quede compacto. Meter la bandeja en el horno (bandeja central a 220 ºC –425 ºF–) y dejarla 30 min. A continuación, apagar, abrir la puerta y dejar reposar el pescado con la costra de sal otros 10 min.

4 | Servir el pescado en el lecho de sal y, con un mazo de pescado, golpear cuidadosamente la costra de sal. Partir el pescado en raciones y servirlo.

➤ Guarnición: patatas con mantequilla caliente fundente, o patatas al vapor y ensalada.
➤ Bebida: vino blanco seco y refinado.

Recetas para...
Los carnívoros

Sencillas técnicas y modernas preparaciones

Recetas rápidas

Chuletillas de cordero con tomillo

PARA 4 PERSONAS

➤ 2 dientes de ajo │ 12 chuletillas de cordero de 110 g (4 oz) cada una │ sal │ pimienta recién molida │ aceite de tomillo

1 │ Pelar el ajo y dividirlo longitudinalmente por la mitad. Lavar las chuletillas, secarlas y untarlas por ambos lados con el ajo. Salpimentarlas.

2 │ Untar las chuletillas con 2 cs de aceite de tomillo y asarlas durante 8 min. Darles la vuelta de vez en cuando, y repartir el resto del aceite de tomillo por encima.

Hamburguesa

PARA 4 PERSONAS

➤ ½ kg (17 oz) de carne picada (ternera o mezcla) │ sal │ pimienta │ 4 pizcas de chile en polvo │ 2 ct de mostaza │ 1 cs de aceite │ 4 panecillos │ 4 hojas de lechuga lavadas │ 4 rodajas de tomate │ *kétchup* y crema de ensalada en función de su gusto

1 │ Amasar la carne picada con la sal, la pimienta, el chile en polvo y la mostaza. Hacer 4 hamburguesas muy finas y untarlas con el aceite. Dividir los panecillos por la mitad.

2 │ Freír las hamburguesas por cada lado durante 4 min. Tostar brevemente las mitades de los panecillos (la parte interior) y rellenarlos con la hamburguesa y los ingredientes restantes.

Cordon Bleu

➤ 4 lonchas de queso gouda │ 4 filetes
de cerdo (de aproximadamente 125 g
–4 ½ oz– cada uno) │ sal │ pimienta │
4 lonchas de jamón cocido │ 1 huevo │
6 cs de pan rallado │ 4 cs de aceite

1 │ Retirar la corteza del queso. Golpear
los filetes ligeramente y salpimentarlos.
Cubrir cada filete con una loncha de
jamón y otra de queso. Doblar los filetes y
sujetar cada uno de ellos con una brocheta
pequeña metálica.

2 │ Batir el huevo. Pasar los filetes por
el huevo y, a continuación, por el pan
rallado. Dorar los filetes en aceite caliente
durante 6-8 min por cada lado.

Filetes rellenos de queso fresco a las finas hierbas

➤ 4 filetes de ternera (de aproximadamente 125 g –4,4 oz– cada uno) │ sal │
pimienta │ ½ frasco de albahaca │
¼ kg (9 oz) de queso fresco a las finas
hierbas │ 2 cs de mantequilla │ perejil
o romero para decorar

1 │ Golpear los filetes ligeramente y
salpimentarlos. Lavar la albahaca,
escurrirla, picar las hojitas muy finamente
y mezclarlas con el queso. Extender el
queso sobre los filetes. Doblarlos por la
mitad y sujetarlos con un palillo.

2 │ Calentar la mantequilla en una sartén
y freír los filetes durante 6-7 min por cada
lado. Decorarlos con las hierbas picadas.

refinada | fácil

Filetes con salsa de brécol

PARA 4 PERSONAS

➤ ½ kg (1 lb) de brécol | sal
4 filetes de pollo (de unos 125 g –4,4 oz– cada uno)
pimienta | 1 cebolla pequeña | 2 cs de mantequilla | ¼ l (9 fl oz) de leche
200 g (7 oz) de queso para fundir cremoso (puede usar quesitos)
caldo de carne o sal a las finas hierbas | 1 pizca de nuez moscada en polvo

🕐 Preparación: 50 min
➤ Aprox. 340 kcal por ración

1 | Lavar el brécol y cortarlo en arbolitos. Cocerlo en agua con sal durante 10-12 min hasta que esté al dente y escurrirlo después. Salpimentar los filetes. Pelar la cebolla y picarla finamente.

2 | Calentar la mantequilla en una sartén y freír la carne durante 4-5 min por cada lado. Retirarla de la sartén y reservarla. Dorar después la cebolla en esa misma sartén.

Añadir leche y dar un hervor sin dejar de remover.

3 | Añadir poco a poco el queso para fundir. Remover con las varillas hasta formar una masa homogénea. Condimentar la salsa con el caldo, pimienta y nuez moscada.

4 | Agregar con cuidado el brécol y los filetes, y dejar reposar todo brevemente a temperatura mínima.

➤ Acompañamiento: patatas al romero.

CONSEJO Introducir los filetes en un molde de suflé, regarlos con la salsa de brécol y espolvorearlos con queso rallado. Cocinar en el horno durante 10 min.

sabrosa | fácil

Filetes con salsa de alcaparras

PARA 4 PERSONAS

➤ 4 filetes de pavo (de unos 150 g –5 oz– cada uno)
pimienta molida gruesa
5 cebolletas
2 cs de mantequilla | 1 cs de harina
200 ml (7 fl oz) de caldo | 100 g (4 oz) de nata
2 cs de zumo de limón
2 cs de alcaparras | sal

🕐 Preparación: 35 min
➤ Aprox. 300 kcal por ración

1 | Golpear los filetes ligeramente y añadirles pimienta. Lavar las cebolletas y cortarlas en aros finos o en tiras.

2 | Calentar la mantequilla en una sartén y freír los filetes durante 4-5 min por cada lado. Retirarlos de la sartén y reservarlos.

3 | Freír la cebolla en la sartén brevemente. Espolvorearla con harina y removerla bien. Añadir después el caldo y la nata, y dar a todo un hervor sin dejar de remover. Finalmente, agregar el zumo de limón y las alcaparras. Salpimentar la salsa, introducir los filetes y dejarlos reposar un buen rato.

➤ Acompañamiento: patatas cocidas y lechuga.

clásica | fácil

Rollitos de ternera

PARA 4 PERSONAS

- 4 filetes de ternera (de unos 125 g –4,4 oz– cada uno)
  sal | pimienta
  2 cebollas
  2 pepinillos
  5 ct de mostaza
  12 lonchas de beicon
  2 cs de mantequilla
  200 ml (7 fl oz) de caldo
  1 cs de fécula

🕐 Preparación: 35 min
🕐 Tiempo de cocción: 25 min
➤ Aprox. 375 kcal por ración

1 | Golpear ligeramente los filetes y salpimentarlos. Pelar las cebollas y picarlas finamente. Cortar los pepinillos longitudinalmente.

2 | Untar cada filete con 1 ct de mostaza, disponer las lonchas de beicon sobre cada filete y repartir la cebolla picada por encima. Colocar cada mitad de pepinillo sobre cada filete y formar un rollito. Sujetarlos con un palillo.

3 | Calentar la mantequilla en una cazuela honda y freír los rollitos por ambos lados. Regarlos con el caldo y cocinarlos, tapados y a temperatura mínima-media, durante 20-25 min.

4 | Retirar los rollitos de la cazuela. Mezclar la fécula con un poco de agua fría, remover, añadirla al caldo y dar un hervor. Condimentar la salsa con la mostaza restante y salpimentar si se quiere. Volver a introducir los rollitos en la cazuela y dejarlos reposar un rato.

➤ **Acompañamiento:** tallarines y ensalada.

1 Preparación

Golpear la carne, condimentarla y cubrirla con cebolla picada.

2 Enrollar

Formar unos rollitos a partir de un extremo de cada filete, en el que irá medio pepinillo.

3 Freír

Freír los rollitos en mantequilla caliente y a alta temperatura.

133

especialidad del sur
de Francia | fácil
de hacer

Costillas de cordero con mantequilla de aceitunas

PARA 4 PERSONAS

- 8 costillas de cordero (costillas dobles, cada una de aprox. 170 g –6 oz–)

  sal | pimienta recién molida

  2 ramas de romero

  7 cs de aceite de oliva

  mantequilla de aceitunas

- Preparación: 10 min
- Marinado: 2 h
- Asado: 10 min
- Aprox. 1550 kcal por ración

1 | Lavar las costillas de cordero, secarlas y golpearlas suavemente. Salpimentar. Lavar el romero, quitar las hojas y picarlas finamente. Mezclar el romero y el aceite. Untar las costillas con 5 cs del aceite y dejarlas macerar 2 horas en un lugar fresco. Preparar la mantequilla de aceitunas.

2 | Asar las costillas 5 min por cada lado, y untarlas mientras tanto con el resto del aceite. Cortar la mantequilla de aceitunas en rodajas y colocarlas sobre la carne.

- Acompañamiento: *baguette*, ensalada de tomate, ensalada verde con vinagreta de mostaza, patatas asadas.

- Bebida: un vino tinto procedente del sur de Francia, por ejemplo un Côtes du Ventoux.

especialidad del Caribe
| picante

Filetes picantes de cerdo

PARA 4 PERSONAS

- 1 cebolleta

  3 dientes de ajo

  2 vainas de chile

  1 trozo de jengibre fresco (del tamaño de una nuez)

  mezcla caribeña de especias (media cantidad)

  2 cs de salsa de soja

  3 cs de zumo de limón

  2 ct de azúcar de caña

  sal | pimienta recién molida

  4 filetes de lomo de cerdo de 150 g (5 oz) cada uno

- Preparación: 25 min
- Marinado: 4 h
- Asado: 12 min
- Aprox. 240 kcal por ración

1 | Picar la cebolleta en trozos gruesos. Pelar el ajo y picarlo también grueso. Limpiar las vainas de chile, dividirlas longitudinalmente por la mitad, desgranarlas, lavarlas y cortarlas en tiras. Pelar el jengibre y cortarlo grueso. Unir la cebolla, el ajo, los chiles, la mezcla de especias, la salsa de soja, el zumo de limón, el azúcar de caña, la sal y la pimienta en la batidora hasta conseguir una salsa espesa.

2 | Untar los filetes con la salsa. Dejarlos marinar 4 h en un lugar fresco. Dejar escurrir la carne y reservar la salsa de especias. Asar los filetes durante 12 min; mientras tanto, darles la vuelta varias veces y untarlos con la salsa de especias.

- Acompañamiento: salsa de chile, *chips*.

- Bebida: un vino tinto aromático y semiseco.

especialidad griega | copiosa

Albóndigas con pimiento

PARA 4 PERSONAS

- 1 cebolla
  1 diente de ajo
  1 manojo de perejil
  100 g (4 oz) de feta
  2 pimientos verdes
  600 g (21 oz) de carne picada de mezcla
  2 cs de quark desnatado
  sal | pimienta recién molida
  ½ ct de mostaza
  2 cs de queso parmesano recién rallado
  1 cs de aceite de oliva
  4 pinchos largos

- ⏱ Preparación: 35 min
- ⏱ Asado: 15 min
- ➤ Aprox. 520 kcal por ración

1 | Pelar la cebolla y trocearla finamente. Pelar el ajo y picarlo fino. Lavar el perejil, secarlo y picarlo. Cortar el Feta en 24 dados pequeños. Lavar los pimientos, dividirlos por la mitad y limpiarlos. Cortar cada mitad en 6 trozos.

2 | Mezclar la carne picada con el quark, la sal, la pimienta, la mostaza, el perejil, la cebolla, el ajo y el parmesano. Envolver cada dado de feta con la masa de carne y formar pequeñas «pelotitas».

3 | Insertar las bolitas y los trozos de pimiento alternativamente en los pinchos, y luego untarlos con el aceite. Asarlos durante 15 min, girándolos de vez en cuando.

- ➤ Acompañamiento: pan de leña, *tzatziki*, aceitunas.
- ➤ Bebida: un vino blanco seco.

oriental | fácil

Kebab de pavo

PARA 4 PERSONAS

- ½ cebolla
  1 limón
  1 ct de tomillo seco
  1 ct de orégano seco
  ¼ ct de canela en polvo
  1 ct de tomate triturado
  8 cs de aceite de oliva
  sal | pimienta negra
  600 g (21,2 oz) de filetes de lechuga de pavo
  2 cebollas pequeñas rojas
  4 pinchos largos

- ⏱ Preparación: 25 min
- ⏱ Marinado: 4 h
- ⏱ Asado: 15 min
- ➤ Aprox. 345 kcal por ración

1 | Picar la cebolla muy finamente. Rallar la piel de limón y exprimir el zumo. Mezclar la cebolla, el tomillo, el orégano, la canela, el tomate triturado, el aceite, la sal, la pimienta, el zumo y la piel de limón.

2 | Cortar la pechuga de pavo en dados y mezclarlos con el marinado, dejándolos macerar durante 4 h.

3 | Pelar las cebollas rojas y hacerles 10 «cortes» a cada una con el cuchillo. Escurrir la carne con un colador. Untar las cebollas con el marinado que se ha formado. Insertar alternativamente la carne y las cebollas en los pinchos y asarlos durante 15 min.

- ➤ Guarnición: *tzatziki*, pan de leña.

TRUCO

Variante de cordero
En lugar de pechuga de pavo, se puede utilizar carne de cordero (muslo).

sencilla

Tostadas con paté de corzo

PARA 1 MOLDE PARA PATÉ
(1 L –34 FL OZ– DE
CONTENIDO)

➤ 2 dientes de ajo

1 cebolleta │ 2 zanahorias

½ kg (17 oz) de pechuga
de cerdo │ 1 kg (2,2 lb) de
carne de corzo con el
hueso (p. ej., solomillo,
cuello o paletilla)

sal │ pimienta

2 cs de manteca

350 ml (11,8 fl oz) de vino
blanco seco

400 ml (14 fl oz) de fondo
de caza

2 ramas de tomillo

pimienta │ nuez moscada

⏱ Elaboración: 30 min
⏱ Cocción: 2 ½ h
⏱ Reposo: 24 h
➤ Aprox. 375 kcal por ración

1 │ Pelar el ajo, la cebolla
y las zanahorias, cortar los
ingredientes en dados. Hacer
lo mismo con la carne de
cerdo. Salpimentar la carne de
corzo y la de cerdo. Calentar la
manteca y freír la carne. Verter
el vino y el fondo de caza.
Añadir las verduras y la rama
de tomillo. Cocer todo a fuego
lento con tapadera 2 ½. Luego,
dejar enfriar.

2 │ Retirar el tomillo. Sacar la
carne de corzo, deshuesarla
y desmenuzarla en trozos
medianos. Hacer un puré con
la carne de cerdo, las verduras
y el jugo. Incorporar la carne
de corzo y condimentar con
sal, pimienta y nuez moscada
y dejar reposar 24 h.

sencilla

Paté de caza

PARA 1 MOLDE PARA PATÉ
(1 ½ L –51 FL OZ– DE
CONTENIDO)

➤ 500 g (1 lb) de corcino
o cervatillo (de criadero) │
300 g (10,6 oz) de cuello
de cerdo

400 g (14 oz) de tocino
(no ahumado) │ 25 g (1 oz)
de setas secas

¼ ct de pimienta
de Jamaica molida

8 bayas de enebro

1 manojo de hierbas para
el caldo │ 1 ct de manteca

¼ kg (9 oz) de hígado
de buey joven │ 2 huevos

sal │ pimienta │ nuez
moscada

50 g (2 oz) de nueces
sin cáscara

⏱ Elaboración: 1 h
⏱ Cocción: 2 h
⏱ Reposo: 24 h
➤ Aprox. 290 kcal por ración

1 │ Cortar en dados la carne
de caza, el cerdo y el tocino.
Poner la cazuela en el fuego,
echar el tocino y freír en
esta grasa la carne en dados.
Estofar a fuego lento con ½ l
(17 fl oz) de agua fría las
setas, la pimienta de Jamaica
y las bayas de enebro durante
1 h.

2 │ Mientras, limpiar las
hierbas para el caldo, cortarlas
y agregarlas a la carne. Cocer el
conjunto otros 20 min. Untar
el molde de paté con manteca.

3 │ Dejar enfriar el conjunto.
Con el robot de cocina hacer
un puré (por raciones) con el
fondo del estofado, el hígado
y los huevos. Condimentar
con sal, pimienta y nuez
moscada. Verter el conjunto
en el molde y cocerlo a
150 ºC (300 ºF) sobre la
bandeja del horno (parte
inferior). Una vez frío,
dejar reposar el paté en el
frigorífico 24 h. Antes de
servir, decorarlo con nueces.

clásica | rápida

Pechuga de pato salvaje en licor de naranja

PARA 4 PERSONAS

➤ 4 pechugas de pato salvaje
  sal | pimienta
  4 cs de licor de naranja
  6 naranjas | 2 cs de confitura de naranja
  1 cs de manteca | 1 cs de espesante claro para salsas

🕒 Elaboración: 30 min
➤ Aprox. 275 kcal por ración

1 | Condimentar las pechugas de pato con pimienta y marinarlas en 2 cs de licor de naranja. Lavar las naranjas. Rallar la piel de 1 naranja en tiras muy finas. Calentar el zumo de 4 naranjas, la piel, el resto de licor y la confitura. Reducir el conjunto a la mitad. Mientras, pelar 2 naranjas y filetearlas.

2 | Calentar la manteca en una sartén. Sazonar las pechugas de pato, freírlas 2 min por cada lado y dejar que se terminen de hacer a fuego suave 3 o 4 min más.

3 | Incorporar el espesante a la salsa de naranja, llevarla a ebullición y añadir la naranja fileteada. Cortar la carne y servirla con la salsa.

fácil | mediterránea

Pato salvaje con salsa de lima

PARA 2 PERSONAS

➤ 1 pato salvaje (de aproximadamente 850 g –30 oz–)
  sal | pimienta
  2 limas
  1 chile rojo
  6 cs de aceite de oliva
  4 ramas de tomillo
  1 ct de cilantro molido
  400 ml (14 fl oz) de fondo de pato (o de ave)
  2 cs de espesante

🕒 Elaboración: 20 min
🕒 Horno: 1 ¼ h
➤ Aprox. 715 kcal por ración

1 | Precalentar el horno a 220 ºC (425 ºF). Frotar el pato con sal y pimienta por dentro y por fuera. Lavar las limas, pinchar una de ellas por varios sitios y situarla en el interior del pato. Cerrar la abertura con unos palillos y disponerlo en el horno con las pechugas hacia arriba.

2 | Vaciar el chile, filetearlo y colocarlo en un bol con 1 cs de aceite. Reservarlo. Incorporar el aceite de oliva restante, las hojitas de tomillo, el cilantro y el zumo de 1 lima.

3 | Pincelar el pato salvaje con el aceite condimentado con las limas. Brasearlo en el horno con la tapadera puesta (a 200 ºC –400 ºF–) durante 15 min. Verter la mitad del fondo de pato y hornearlo 60 min más a 180 ºC (350 ºF), pincelándolo de vez en cuando con el aceite aromatizado restante.

4 | Disponer el pato en una bandeja resistente al horno y dorarlo en el grill 2-3 min. Calentar el fondo del braseado con el fondo de pato. Incorporar el espesante, llevarlo a ebullición y condimentar con sal, pimienta y cilantro. Sacar la lima del pato. Pincelar la carne con el aceite aromatizado con chile y servir con la salsa.

un clásico actual | económica

Albóndigas al estilo Königsberg

PARA 4 PERSONAS

➤ 30 g (1 oz) de alcaparras

1 huevo

½ kg (17 oz) de carne picada de cerdo

100 g (4 oz) de quark sin materia grasa

1 pizca de nuez moscada

200 g (7 oz) de puerros

2 cs de mantequilla

200 ml (7 fl oz) de caldo de carne (instantáneo)

100 ml (3,5 fl oz) de vino blanco seco (opcional)

20 g (0,7 oz) de harina

sal | pimienta

🕐 Preparación: 40 min

➤ Aprox. 550 kcal por ración

1 | Triturar la mitad de las alcaparras con el huevo hasta formar un puré. Mezclar la carne picada con el puré de alcaparras y huevo y el quark hasta obtener una masa homogénea. Salpimentar y condimentar con la nuez moscada. Formar albóndigas pequeñas.

2 | Lavar bien el puerro, cortar la parte blanca en aros anchos y picar unos 5 cm (1,97 pulgadas) de la parte verde muy menudo. Calentar 1 cs de mantequilla en una cazuela. Freír las albóndigas y los aros de puerro. Añadir el caldo de carne y el vino y dejar que dé un hervor. Bajar el fuego al mínimo y dejar que las albóndigas se hagan durante 6-8 min.

3 | Mezclar el resto de la mantequilla con la harina. Retirar las albóndigas y la verdura del caldo e introducir la mezcla de mantequilla y harina en él. Dejar que dé un hervor y, a continuación, remover durante 1 min a fuego muy bajo. Añadir el resto de las alcaparras y el puerro picado y condimentar la salsa con sal, pimienta y nuez moscada. Introducir las albóndigas de nuevo en la salsa.

➤ Acompañamiento: patatas, arroz o ensalada.

TRUCO Si lo desea, puede añadir a la salsa 1 cs de *crème fraîche* y un poco de zumo de limón.

1 Preparar la masa de carne

Mezclar todos los ingredientes para las albóndigas.

2 Freír todo

Freír la verdura con las albóndigas.

3 Elaborar la salsa

Mezclar la mantequilla y la harina con el caldo.

143

sencilla

Calabacines rellenos

PARA 4 PERSONAS

➤ 100 g (3,5 oz) de albaricoques secos

150 g (5 oz) de arroz silvestre

400 ml (14 fl oz) de caldo de verdura | 1 cebolla

50 g (1,8 oz) de nueces

1 cs de mantequilla o margarina

200 g (7 oz) de carne picada de ternera

½ ct de tomillo

1 calabacín grande (unos 800 g –28 oz–)

250 g (9 oz) de *mozzarella*

sal | pimienta

🕐 Preparación: 1 h y 10 min
➤ Aprox. 605 kcal por ración

1 | Cortar los albaricoques en dados pequeños; ponerlos a cocer con el arroz silvestre y el caldo de verdura durante 40 min a fuego medio.

2 | Mientras tanto, pelar la cebolla y cortarla en trozos pequeños. Picar las nueces. Calentar la mantequilla y dorar la cebolla y las nueces en ella. Añadir la carne, sal y

pimienta y el tomillo, y dejar que se fría todo.

3 | Precalentar el horno a 200 ºC (400 ºF). Lavar el calabacín y partirlo por la mitad longitudinalmente, retirar las semillas con una cuchara. Mezclar la carne con el arroz y rellenar las mitades del calabacín. Cortar la *mozzarella* en tiras finas y colocarlas sobre las mitades. Introducirlas en el horno y cocinar (180 ºC –360 ºF–) 20 min. Espolvorear los calabacines con pimienta molida antes de servirlos.

➤ Acompañamiento: ensalada mixta.
➤ Bebida: vino blanco.

fácil

Suflé de brécol y pasta

PARA 4 PERSONAS

➤ 1 brécol (unos 700 g –24,6 oz–) | 1 tostada

¼ kg (9 oz) de carne picada mixta | 1 huevo

¼ kg (9 oz) de *penne*

400 ml (14 fl oz) de caldo de carne

150 g (5 oz) de nata

150 g (5 oz) de queso recién rallado

nuez moscada

sal | pimienta

grasa para el molde

🕐 Preparación: 1 h y 5 min
➤ Aprox. 705 kcal por ración

1 | Limpiar el brécol y cortarlo en ramas. Cortar los tallos en trocitos. Remojar la tostada en agua y escurrirla, aplastándola ligeramente. Mezclar la carne picada con el huevo batido, la tostada, sal y pimienta. Hacer albóndigas del tamaño de 1 nuez.

2 | Precalentar el horno a 180 ºC (350 ºF). Engrasar un molde para suflé. Repartir en él la pasta, el brécol y las albóndigas. Mezclar el caldo con la nata y el queso, añadir sal, pimienta y la nuez moscada y regar el suflé. Meter al horno (160 ºC –320 ºF–) 55 min hasta que esté dorado.

➤ Variante: en lugar de pasta puede utilizar ½ kg (17 oz) de patatas cortadas en láminas y prepararlas como la pasta.
➤ Bebida: vino tinto.

En la parte superior: Calabacines rellenos   *En la parte superior:* Suflé de brécol y pasta ➤

Recetas para...
Los que tienen que rascarse el bolsillo

Comer bien por poco dinero

Recetas rápidas

Tiras de filete con nata de mejorana

PARA 4 PERSONAS

➤ 400 g (14 oz) de cebollas │ 1 ½ cs de aceite │ 1 cs de azúcar moreno │ sal 350 ml (12 fl oz) de caldo │ 200 g (7 oz) de crema agria │ 2 ct de mejorana 6 bistecs de cerdo de 75 g (2,6 oz) cada uno │ pimienta

1 │ Pelar las cebollas, cortarlas en 8 trozos y rehogarlas 8-10 min en 1 cs de aceite. Añadir el azúcar y remover hasta que se caramelice. Apagarlo con el caldo, agregar la crema agria, condimentar con sal, pimienta y mejorana, y dejarlo cocer 3-4 min.

2 │ Calentar el aceite restante, freír la carne 3 min hasta que se dore, condimentar con la sal y la pimienta y servir con la salsa.

Filetes de pavo con arroz a la canela y manzana

PARA 4 PERSONAS

➤ ¼ kg (9 oz) de arroz │ sal │ 4 filetes de pavo de 125 g (4,4 oz) cada uno 1 cs de aceite │ pimienta │ 1 tarro de compota de manzana (½ kg –17 oz–) 2 ct de canela │ ½ ct de jengibre molido │ 50 g (2 oz) de mantequilla

1 │ Cocer el arroz en agua con sal durante 18 min. Freír los filetes 4-5 min hasta que se doren. Salpimentar.

2 │ Mezclar la compota con 1 ct de la canela y el jengibre, añadir el arroz y calentar todo. Espumar la mantequilla, agregar la canela restante, verterla sobre el arroz y servirlo con los filetes.

Ñoquis de espinacas

➤ **1 paquete de espinacas con crema congeladas de ¹⁄₂ kg (17 oz) | 2 pastillas de hierbas aromáticas | 1 paquete pequeño de ñoquis de patata de ¹⁄₂ kg (1 7 oz) | sal | pimienta | 1 ¹⁄₂ cs de mantequilla | 4 huevos**

1 | Preparar las espinacas según las instrucciones. Desmenuzar las hierbas aromáticas y agregarlas. Colocar los ñoquis en agua hirviendo con sal, y cocerlos entre 2 y 3 min hasta que comiencen a flotar. Escurrirlos, mezclarlos con las espinacas y condimentarlos con la pimienta.

2 | Calentar la mantequilla, freír los huevos y condimentarlos con la sal y la pimienta. Servirlos con los ñoquis de espinacas.

Sopa de patata

PARA 4 PERSONAS

➤ **1 lata de tomate en trozos (400 g –14 oz–) | 400 ml (14 fl oz) de caldo de verdura (instantáneo) | 3 dientes de ajo | 1 ct de hierbas de la Provenza | 300 g (10,6 oz) de patatas | 3 cs de tomate triturado | sal de hierbas | pimienta 4 ct de crema agria | 4 cs de queso parmesano recién rallado**

1 | Llevar los tomates y el caldo a punto de ebullición. Pelar el ajo, machacarlo y añadirlo a las hierbas aromáticas.

2 | Pelar las patatas y trocearlas bien. Cocerlas durante 15 min en el caldo. Condimentar el caldo con el tomate triturado, la sal y la pimienta. Servir la sopa con la crema agria y el parmesano.

receta básica
Consomé de patatas

PARA 4 PERSONAS

➤ **1 kg (2,2 lb) de patatas**
5 ct de caldo granulado de pollo o verdura | pimienta

🕐 Preparación: 30 min
➤ Aprox. 140 kcal por ración

1 | Pelar las patatas y cortarlas en dados de 2 cm (0,78 pulgadas). Colocarlas en una olla.

2 | Espolvorear las patatas con el caldo granulado, y añadir agua hasta que queden cubiertas. Llevarlas a punto de ebullición y cocerlas sin tapar durante 15 min, (entre tanto, remover de vez en cuando). El caldo debería espesar durante este proceso. Condimentar las patatas con bastante pimienta.

➤ **Patatas con *mozzarella***
1 lata de tomates en trozos (400 g –14 oz–)
sal | pimienta
2 bolas de *mozzarella* en dados | albahaca
➤ Aprox. 280 kcal por ración

Dejar escurrir los tomates, salpimentarlos, mezclarlos con las patatas y calentar todo. Repartir la *mozzarella* por encima, taparlo y dejar que se derrita. Espolvorear con la albahaca y triturar la pimienta repartiéndola por encima.

➤ **Patatas con queso**
200 g (7 oz) de queso fresco | pimienta
pimentón dulce
pimienta de Cayena
100 g (4 oz) de gouda rallado | 2 cs de perejil
➤ Aprox. 290 kcal por ración

Agregar el queso fresco a las patatas calientes, condimentarlas con la pimienta, el pimentón y la pimienta de Cayena. Espolvorear por encima el queso rallado y gratinarlas o derretirlas tapadas en el horno. Repartir el perejil sobre las patatas.

➤ **Ensalada rápida de patata**
200 g (7 oz) de queso fresco de hierbas
3 huevos | 1 manzana
pimienta | 4 pepinos
sal | 4 cs de cebollino
➤ Aprox. 270 kcal por ración

Agregar el queso a las patatas y dejar que se enfríen. Cocer los huevos. Pelarlos y picarlos grueso. Cortar la manzana en cuartos, desgranarla y cortarla sin pelar en trocitos. Cortar los pepinos en rodajas. Mezclar todo con las patatas y dejarlo reposar unos momentos. Condimentar y servir con el cebollino picado por encima.

➤ ***Risi-Bisi* de patata**
1 ct de *curry* suave
300 g (10,6 oz) de guisantes
sal | pimienta
200 g (7 oz) de pechuga de pavo ahumado
3 cs de perejil picado
➤ Aprox. 230 kcal por ración

Preparar las patatas según la receta básica; condimentar entre tanto el caldo con el *curry*. Cocer los guisantes en agua con sal, escurrirlos y mezclarlos inmediatamente con las patatas calientes y salpimentar. Espolvorear con *curry* también la pechuga de pavo, y mezclarla con las patatas. Servirla adornada con el perejil.

elaborada

Tarta de patata y queso

PARA 6 PORCIONES PARA
UN MOLDE DE 26 CM
(10 PULGADAS)Ø

➤ 600 g (21,2 oz) de patatas
3 cebollas | 2 huevos
3 cs de margarina | sal
½ kg (17 oz) de quark
desnatado | pimienta
1 manojo de perejil liso
2 ct de pimentón dulce
2 cs de mostaza picante
3 cs de pan rallado
100 g (4 oz) de queso
Gouda recién rallado

🕐 Preparación: 50 min
(+ 1 h de horneado)
➤ Aprox. 280 kcal por ración

1 | Pelar las patatas, rayarlas y
exprimirlas. Pelar las cebollas
y picarlas. A continuación,
freír las patatas y las cebollas
en 2 cs de margarina durante
aproximadamente 10 min.
Precalentar el horno a
175 ºC (3,35 ºF).

2 | Separar los huevos. Mezclar
el quark con las yemas de
huevo; condimentarlo con la
sal y la pimienta. Lavar y picar

el perejil. Añadir el pimiento,
el perejil y la mostaza al quark.
Batir las claras a punto de
nieve, agregarlas al quark y
mezclar todo con las patatas.

3 | Embadurnar el molde con
la margarina y espolvorearlo
con el pan rallado. Verter la
masa de patata y alisarla.

4 | Cocer la tarta en el horno
durante 50 min a 160 ºC
(320 ºF). Repartir por encima
el queso y hornear durante
otros 10 min.

un clásico reinventado

Crepe de avellanas y cilantro

PARA 4 PERSONAS

➤ 1 kg (2,2 lb) de patatas
200 g (7 oz) de avellanas
4 ct de cilantro molido
2 ct de comino molido
3 huevos | sal | pimienta
5 cs de aceite
200 g (7 oz) de queso
fresco
1 tarro de compota
de manzana
1 ct de canela
3 ct de azúcar moreno

🕐 Preparación: 1 h
➤ Aprox. 860 kcal por ración

1 | Pelar las patatas y rallarlas;
a continuación, secarlas con
papel de cocina.

2 | Tostar las avellanas en
una sartén sin aceite y luego
frotarles la piel con un paño
de cocina. Tostar el cilantro
y el comino de nuevo en una
sartén sin aceite. Moler bien
las especias con $^3/_4$ partes de
las nueces y 1 ct de sal en la
trituradora. Picar grueso el
resto de las nueces.

3 | Batir los huevos,
condimentarlos con la sal y la
pimienta y mezclarlos con las
nueces molidas y las patatas.

4 | Calentar el aceite, echar la
masa de la crepe por porciones
a la sartén, alisarla y cocinarla
entre 3 y 4 min por cada lado
hasta que se dore.

5 | Batir el queso fresco y la
compota; condimentar con la
canela, el azúcar y una pizca
de sal y espolvorear con las
nueces picadas grueso. Servir
con las crepes calientes.

afrutada

Espaguetis con salsa de nueces

PARA 4 PERSONAS

➤ **2 cebollas**
  1 cs de aceite
  2 dientes de ajo
  100 g (4 oz) de avellanas molidas | sal
  150 ml (5 fl oz) de zumo de naranja
  ¼ l (9 fl oz) de leche
  3 ct de caldo granulado
  400 g (14 oz) de espaguetis integrales | pimienta
  200 g (7 oz) de *crème fraîche*
  algunas hojas de menta o perejil

🕙 Preparación: 35 min
➤ Aprox. 780 kcal por ración

1 | Pelar las cebollas y picarlas fino. Pelar el ajo y machacarlo en el prensaajos. Echar ambos ingredientes a la vez que el aceite a la sartén, rehogarlo todo a fuego medio entre 8 y 9 min hasta que se dore.

2 | Añadir las nueces, tostarlas ligeramente sin dejar de remover entre 1 y 2 min.

Apagar con el zumo de naranja. Añadir la leche y el caldo y dejar espesar mientras va cociendo lentamente. Entre tanto, cocer los espaguetis según las instrucciones en agua con sal.

3 | Agregar la *crème fraîche* a la salsa de naranja, condimentarla con la sal y con bastante pimienta. Repartir la salsa sobre los espaguetis y decorarlos con la menta o el perejil.

fácil

Pasta de verduras

PARA 4 PERSONAS

➤ **400 g (14 oz) de zanahorias**
  200 g (7 oz) de calabacín
  2 dientes de ajo
  1 manojo de perejil
  1 cs de aceite
  1 cs de mantequilla
  300 g (11 oz) de pasta
  ½ taza de caldo concentrado (instantáneo)
  200 g (7 oz) de queso fresco
  sal de hierbas
  sal | pimienta
  50 g (2 oz) de queso parmesano recién rallado

🕙 Preparación: 40 min
➤ Aprox. 660 kcal por ración

1 | Pelar las zanahorias y cortarlas en tiras finas. Lavar el calabacín, limpiarlo y trocearlo finamente. Pelar el ajo y picarlo finamente. Lavar el perejil y picarlo no demasiado finamente.

2 | Calentar el aceite y la mantequilla, rehogar el ajo 1 o 2 min, añadir las zanahorias y, una vez transcurridos 4 min, cocer el calabacín durante 5 min más.

3 | Entre tanto, llevar agua con sal al punto de ebullición, y cocer en ella la pasta según las instrucciones del envase.

4 | Apagar la verdura con el caldo, agregar el queso fresco y condimentar todo con la sal de hierbas y la pimienta.

5 | Escurrir la pasta y agregarla con cuidado a la salsa. Servirla con el perejil y el parmesano espolvoreado por encima.

rápida
Arroz con tomate y nata

PARA 4 PERSONAS

➤ ¹/₄ kg (9 oz) de arroz

50 ml (1,7 fl oz) de leche

¹/₂ bote de tomate triturado

200 g (8 oz) de queso fresco

2 pastillas de hierbas aromáticas

1 lata de tomate en trozos (400 g –14 oz–)

sal | pimienta

4 cs de perejil picado

🕐 Preparación: 30 min

➤ Aprox. 510 kcal por ración

1 | Hervir el arroz en ¹/₂ l (17 fl oz) de agua con sal, y dejarlo a fuego lento otros 18 min.

2 | Poco antes de que el arroz esté a punto, calentar la leche. Agregar y deshacer en ella el tomate triturado, el queso fresco y las pastillas de las hierbas aromáticas. Dejar escurrir los tomates, condimentar con sal y pimienta, calentar en la leche.

3 | Añadir el arroz caliente a la mezcla de tomate, espolvorearlo con el perejil. Está estupendo con huevos fritos en mantequilla.

para invitados
Arroz al limón con pollo

PARA 4 PERSONAS

➤ 1 limón

300 g (10,6 oz) de filete de pechuga de pollo

750 ml (23,6 fl oz) de caldo

4 ct de miel

¹/₄ ct de cúrcuma

3 ct de pasta Tom-Ka

¹/₄ kg (9 oz) de arroz

1 manojo de perejil liso

2 cs de mantequilla

sal | pimienta

espesante claro para salsas

🕐 Preparación: 40 min

➤ Aprox. 390 kcal por ración

1 | Lavar el limón con agua caliente y pelarlo muy fino; cortar después la piel en tiras muy finas y exprimir el zumo. Lavar la pechuga de pollo con agua, secarla y cortarla en tiras del grosor de 1 dedo.

2 | Llevar a punto de ebullición ¹/₂ l (17 fl oz) de caldo con la mitad del zumo de limón, 2 ct de miel, la sal, la cúrcuma y la pasta Tom-Ka. Agregar el arroz y llevarlo a punto de ebullición. Dejarlo cocer tapado a fuego lento durante otros 18 min. Lavar el perejil y cortarlo en tiras muy finas.

3 | Derretir la mantequilla en la sartén hasta que salga espuma. Freír las tiras de pollo por todos los lados entre 5 y 6 min hasta que se doren. Condimentarlas con la sal y la pimienta. Sacarlas de la sartén y mantenerlas calientes.

4 | Mezclar el resto del caldo con 2 ct de la miel y el restante zumo del limón. Apagar con ello los restos de lo que se ha freído en la sartén. Llevarlo a punto de ebullición, ligarlo con un poco del espesante y verterlo sobre la carne.

5 | Espolvorear el arroz con la piel de limón y el perejil. Servirlo con las tiras de pollo.

refrescante
Sopa verde de verano

PARA 4 PERSONAS

➤ 300 g (10,6 oz) de guisantes congelados | 1 pepino
2 puñados de menta fresca
1 l (35 fl oz) de leche (1,5% de materia grasa)
3 ct de caldo granulado
sal de hierbas | pimienta
3 cs de zumo de limón
salsa de chile verde

◷ Preparación: 15 min (+ enfriado)
➤ Aprox. 140 kcal por ración

1 | Cocer los guisantes y colocarlos luego bajo un chorro de agua fría. Pelar el pepino y cortarlo en trozos gruesos. Lavar la menta, secarla y picarla grueso. Reservar algunas de sus hojas.

2 | Triturar con la batidora en un cuenco alto los guisantes, los trozos de pepino, la menta y la leche. Pasar todo a través de un tamiz. Deshacer el caldo en 2 cs de agua caliente y agregarlo a lo anterior.

3 | Condimentar bien la sopa con la sal, la pimienta, el zumo de limón y la salsa de chile. Enfriar durante 1 o 2 h.

4 | Espumar un poco la sopa con la batidora antes de servirla y presentarla con las hojas de menta reservadas.

afrutada
Sopa de piña con chile

PARA 4 PERSONAS

➤ 400 g (14 oz) de zanahorias | 200 g (7 oz) de cebollas | 1 trozo de jengibre fresco (del tamaño de 1 nuez)
1 lata pequeña de piña
½ limón | 150 g (5 oz) de lentejas amarillas | 1 ct de caldo granulado | 2 ct de aceite | pimienta | sal
½ ct de chile en polvo
2 cs de copos de coco

◷ Preparación: 1 h
➤ Aprox. 290 kcal por ración

1 | Pelar las zanahorias y las cebollas. Rallar grueso las zanahorias y cortar las cebollas en tiras. Pelar el jengibre y picarlo fino. Trocear la piña y reservar su zumo. Pelar el limón, trocear su piel.

2 | Cocer las lentejas en 1 l (35 fl oz) de agua durante 20 min hasta que se ablanden. Condimentarlas con la sal y el caldo.

3 | Calentar 1 ct de aceite y rehogar las cebollas y el jengibre. Dejar las cebollas en el borde de la sartén. Verter 1 ct de aceite en el centro y rehogar las zanahorias, sin dejar de removerlas, entre 4 y 5 min, hasta que estén blandas. Apagarlas con el zumo de piña y cocer todo entre 3 y 4 min. Añadir ³/₄ partes de las lentejas, triturarlo todo con la batidora, y aligerarlo, si es necesario, con agua.

4 | Agregar la piña y el resto de las lentejas a la sopa y calentarla. Condimentarla entonces con la sal, la pimienta y el chile. Tostar ligeramente los copos de coco sin aceite en la sartén. Mezclarlos con la piel de limón y 1 pizca de chile y espolvorear sobre la sopa.

clásica

Ratatouille

PARA 4 PERSONAS

➤ 1 berenjena
(350 g –12,3 oz–)
½ kg (7 oz) de calabacín
½ kg (7 oz) de pimientos variados
300 g (11 oz) de cebollas
3 dientes de ajo
4 cs de aceite de oliva
1 lata de tomates en trozos (400 g –14 oz–)
sal | pimienta
2 ct de orégano seco
hojas de albahaca

🕓 Preparación: 1 h
➤ Aprox. 180 kcal por ración

1 | Cortar la berenjena y el calabacín en daditos. Pelar el pimiento, dividirlo por la mitad, desgranarlo y cortarlo en dados. Pelar las cebollas y el ajo y picarlos finamente.

2 | Calentar el aceite de oliva, rehogar las cebollas durante 5 min y el ajo durante 1 min. Añadir la berenjena y, pasados 4 min, agregar el calabacín y el pimiento. Freír todo otros 5 min más removiendo con regularidad. Apagarlo con los tomates, condimentarlo con la sal, la pimienta y el orégano. Estofarlo tapado a fuego lento durante 15 min.

3 | Repartir la albahaca por encima. Está fenomenal con una *baguette* de hierbas aromáticas recién calentada.

un clásico reinventado

Ratatouille de calabaza

PARA 4 PERSONAS

➤ 1 calabaza pequeña
400 g (14 oz) de cebollas
400 g (14 oz) de zanahorias
4 dientes de ajo
3 cs de aceite de oliva
200 ml (7 fl oz) de caldo de verduras | sal | pimienta
100 g (4 oz) de uvas pasas
1 ct de pimentón molido
1 manojo de perejil

🕓 Preparación: 50 min
➤ Aprox. 230 kcal por ración

1 | Dividir la calabaza por la mitad, desgranarla, pelarla y cortarla en daditos. Pelar las cebollas y picarlas grueso. Pelar las zanahorias, cortarlas en cuartos y luego en trozos de 1 cm (0,4 pulgadas). Pelar el ajo y picarlo finamente.

2 | Calentar el aceite de oliva, rehogar las cebollas 4 o 5 min y el ajo durante 1 min. Freír las zanahorias entre 2 y 3 min removiendo; añadir la calabaza y freírla 3 o 4 min. Apagar con el caldo y cocerlo tapado a fuego lento entre 10 y 15 min, removiendo de vez en cuando. Agregar, tras 5 min de cocción, las uvas pasas.

3 | Condimentar la *ratatouille* de calabaza con sal, pimienta y pimentón. Servir con el perejil espolvoreado por encima. Va muy bien con pan achatado recién calentado.

SUGERENCIA

En invierno está especialmente rica la *ratatouille* de cebolla, apio, colinabo y zanahoria condimentada con canela y pimienta de Cayena.

A la izquierda: Ratatouille de calabaza   A la derecha: Ratatouille ➤

para invitados
Filetes con alcaparras

PARA 4 PERSONAS

➤ 1 tarro pequeño de alcaparras de 50 g (2 oz)
½ **manojo de cebollino**
½ **manojo de limón**
¼ **kg (9 oz) de cebollas**
2 **cs de mantequilla**
½ **kg (17 oz) de filetes
de carne | pimienta**
350 **ml (11,8 fl oz) de caldo**
150 **g (5 oz) de crema agria**
2 **ct de mostaza granulada**

🕐 Preparación: 40 min
➤ Aprox. 300 kcal por ración

1 | Escurrir las alcaparras y
picarlas. Lavar el cebollino,
cortarlo en aros finos. Pelar el
limón con un pelador, cortar
la piel en tiras muy finas.

2 | Pelar las cebollas,
condimentarlas y rehogarlas
en 1 cs de la mantequilla
derretida entre 8 y 10 min
hasta que se doren. Cortar la
carne en tiras.

3 | Retirar las cebollas, calentar
el resto de la mantequilla, freír

la carne hasta que se dore.
Apagarla con el caldo, añadir
la piel de limón y freírla tapada
durante 10 min.

4 | Agregar la crema agria y
las alcaparras a la salsa.
Condimentarla con el zumo
de limón, la mostaza, la sal y
la pimienta y servirla con el
cebollino espolvoreado por
encima. Es ideal con arroz.

picante
Tortas de carne

PARA 4 PERSONAS

➤ 400 **g (14 oz) de patatas**
1 **manojo de perejil liso**
1 **lata de** *corned beef*
(carne enlatada de vacuno)
400 **g (14 oz) de cebollas**
4 **cs de aceite | 2 huevos**
¼ **ct de pimienta
de Cayena | pimentón**
3 **cs de harina | sal**
300 **g (11 oz) de yogur**

🕐 Preparación: 45 min
➤ Aprox. 380 kcal por ración

1 | Pelar las patatas, rallarlas
con grosor fino, y secarlas
con papel de cocina. Lavar el
perejil, reservar algunas de

sus hojas para más adelante
y picar el resto. Trocear el
corned beef. Pelar las cebollas,
cortarlas en tiras finas y
rehogarlas en 1 cs de aceite
durante 8 min.

2 | Mezclar las cebollas,
las patatas, el *corned beef*,
el perejil, los huevos y las
especias. Espolvorear la harina
por encima, y amasarlo todo
con cuidado.

3 | Mezclar el yogur con la sal,
la pimienta y el pimentón, y
ponerlo a enfriar.

4 | Calentar el aceite, añadir la
masa de patata en porciones
con una cuchara a la sartén,
aplastando un poco cada
porción. Freír las tortas por
ambos lados entre 3 y 4 min
hasta que estén crujientes.
Decorar con el perejil y
servirlas con el yogur.

SUGERENCIA
Condimente las tortas
(para variar), con *curry*
molido o con Tandoori
Masala.

para invitados

Ragú de cerdo con ciruelas

PARA 6 PERSONAS

- ½ l (17 fl oz) de zumo de manzana | pimienta
  3 ct de pimienta molida
  sal | ½ kg (17 oz) de ciruelas blandas sin hueso
  700 g (24,6 oz) de cebollas
  1 ¼ kg (2,6 lb) de *goulash* de cerdo en tacos de 4 cm (1,57 pulgadas) de grosor
  50 g (2 oz) de mantequilla derretida
  300 ml (10 fl oz) de caldo
  1 kg (2,2 lb) de patatas
  4 manzanas ácidas
  espesante para salsas

- ⏲ Preparación: 2 h y 10 min
- ➤ Aprox. 540 kcal por ración

1 | Mezclar el zumo de manzana con 2 ct de la pimienta y ablandar ahí las ciruelas durante 1 h. Pelar las cebollas y dividirlas en 8 partes. Precalentar el horno a 180 ºC (350 ºF).

2 | Rehogar la carne por todos lados en la mantequilla, condimentarla con la sal y la pimienta. Añadir las cebollas y apagar con el caldo. Cocer todo tapado en el horno durante 45 min.

3 | Entre tanto, pelar las patatas y las manzanas, dividirlas longitudinalmente en 8 trozos. Colocarlos junto con las ciruelas y el zumo en la bandeja del horno. Asar, sin tapar, durante 1 h.

4 | Condimentar la salsa con la sal y la pimienta y, en función de sus preferencias, con el resto de la pimienta, y agregar el espesante.

copiosa

Albóndigas de carne con chucrut

PARA 6 PERSONAS

- 400 g (14 oz) de cebollas
  800 g (28 oz) de patatas
  3 cs de mantequilla derretida | pimienta
  600 g (21,2 oz) de chucrut
  ¼ l (9 fl oz) de caldo
  600 g (21,2 oz) de carne picada | 4 huevos
  200 g (7 oz) de crema agria
  pimentón | sal
  1 manojo de perejil

- ⏲ Preparación: 1 h y 40 min
- ➤ Aprox. 560 kcal por ración

1 | Pelar las cebollas y picarlas grueso. Pelar las patatas y cortarlas en rodajas.

2 | Calentar la mantequilla en una sartén grande. Añadir las cebollas y el chucrut, y rehogarlos entre 4 y 5 min. Agregar el caldo y las patatas y estofarlo todo durante 15 min.

3 | Colocar la mezcla del chucrut, pero sin el caldo (escurrirlo con un colador) en un molde resistente al calor. Formar, a partir de la carne picada, pequeñas albóndigas y repartirlas sobre el chucrut. Cerrar el molde y cocerlo todo en el horno a 180 ºC (350 ºF) durante 30 min.

4 | Batir los huevos con la crema agria, el pimentón, la sal y la pimienta, y verter todo sobre el chucrut. Dejarlo cuajar en el molde abierto durante 15 min. Repartir por encima el perejil picado.

Recetas para...

Los que siempre van con prisas

Para no perder ni un minuto

Recetas rápidas

Tomates con *mozzarella*
Caprese

PARA 4 PERSONAS

➤ 4 tomates carnosos maduros (aprox. 600 g –21,2 oz–) | $^{1}/_{4}$ kg (9 oz) de *mozzarella* | 1 manojo de albahaca | 6 cs de aceite de oliva virgen extra | sal y pimienta

1 | Lavar los tomates y cortarlos en rodajas. Cortar la *mozzarella* en rodajas. Lavar la albahaca.

2 | Colocar en 4 platos las rodajas de tomate y las de *mozzarella* (alternativamente), y repartir por encima las hojas de albahaca. Condimentar con el aceite de oliva, la sal y la pimienta.

Melón con jamón
Prosciutto e melone

PARA 4 PERSONAS

➤ 1 melón | 12 lonchas de jamón de Parma (aprox. 150 g –5 oz–) | 12 palillos

1 | Cortar el melón en 12 tiras, quitarle las semillas y separar la pulpa de la corteza. Colocar 3 tiras de melón en cada plato.

2 | Enrollar el jamón sin apretar demasiado, insertarlo en el palillo y clavarlo sobre el melón a modo de vela.

Ensalada griega

PARA 4 PERSONAS

➤ ½ pepino | 400 g (14 oz) de tomates
tipo cherry | 200 g (7 oz) de queso de
oveja | 1 cebolla | 10 aceitunas negras
3 cs de vinagre de frutas | 5 cs de aceite
de oliva | sal | pimienta | tomillo seco

1 | Lavar el pepino y cortarlo en rodajas.
Lavar los tomates, cortarlos por la mitad
y quitarles el tallo. Trocear el queso de
oveja. Pelar la cebolla y cortarla en aros.
A continuación, partir las aceitunas por la
mitad y deshuesarlas.

2 | Mezclar las hortalizas con los dados de
queso. Combinar el vinagre de frutas con
el aceite de oliva, la sal, la pimienta y el
tomillo y verter el aliño sobre la ensalada.

Sándwich
para «empollones»

PARA 4 PERSONAS

➤ 6 rebanadas de pan de molde integral
½ pepino | 2 cs de rábanos | algunas
hojas de lechuga | 2 cs de crema de
queso a las finas hierbas | 100 g (4 oz)
de salmón ahumado | pimienta

1 | Tostar el pan. Cortar el pepino en
rodajas gruesas. Mezclar el rábano con 1 cs
de crema de queso y untar 4 rebanadas con
ello. Cubrirlas con la lechuga, el pepino y el
salmón. Condimentarlo con la pimienta.

2 | Colocar 2 rebanadas de pan de molde
una encima de la otra. Untar el resto de las
rebanadas de pan de molde con la crema
de queso restante, cubrir con ellas ambas
torres de sándwich y cortarlas en diagonal.

mediterránea
Bocadillo de tomate

PARA 4 PERSONAS

➤ 4 panecillos grandes
2 cebollas
2 cs de aceite de oliva
4 tomates
2 calabacines pequeños
1/2 manojo de albahaca
200 g (7 oz) de *mozzarella*
sal | pimienta

🕐 Elaboración: 15 min
➤ Aprox. 280 kcal por ración

1 | Cortarles la parte superior a los panecillos y reservarla para más adelante. Sacar la miga de los panecillos.

2 | Pelar las cebollas, picarlas y rehogarlas en aceite caliente. Lavar los tomates y los calabacines, limpiarlos, cortarlos en rodajas y agregarlos a las cebollas. Rehogarlo todo unos 5 min.

3 | Lavar y secar la albahaca y picar las hojas. Cortar la *mozzarella* en dados. Añadir la albahaca y la *mozzarella* a la verdura y salpimentarlo todo.

4 | Rellenar los panecillos vacíos con la masa de tomate y *mozzarella*, y colocar encima la parte superior que habías reservado antes.

➤ Bebida: zumo de manzana.

fácil
Bocata de atún

PARA 4 PERSONAS

➤ 1 *baguette* pequeña
1 taza de leche (150 ml –6 fl oz–)
2 latas de atún (280 g –10 oz– sin aceite)
1 cs de alcaparras
sal | pimienta
100 g (4 oz) de queso greyerzer
2 yemas de huevo
4 tomates

🕐 Elaboración: 30 min
➤ Aprox. 330 kcal por ración

1 | Cortar la *baguette* por la mitad longitudinalmente y quitarle un poco de la miga. Ablandar la miga de pan en la leche. Escurrir el atún y aplastar las alcaparras con un tenedor. Precalentar el horno a 200 °C (400 ºF).

2 | Desmenuzar el atún con un tenedor, mezclarlo con las alcaparras, condimentarlo todo después con la sal y la pimienta y repartirlo sobre cada mitad de la *baguette*.

3 | Rallar ahora el queso y mezclarlo con la yema de huevo, agregarlo a la masa blanda de pan, condimentarlo con la sal y la pimienta.

4 | Lavar los tomates, quitarles el tallo y cortarlos en rodajas. Colocar las rodajas de tomate sobre las mitades de la *baguette* y cubrir las rodajas a su vez con la masa de pan y de queso. Gratinarlo todo en el horno en la rejilla superior a 180 °C (350 °F) aproximadamente 15 min hasta que se dore.

➤ Bebidas: zumo de manzana o vino blanco.

económica | copiosa

Gratén de patatas y verdura

PARA 4 PERSONAS

➤ ½ kg (17 oz) de patatas harinosas | ½ kg (17 oz) de apio | 2 zanahorias

100 g (4 oz) de jamón cocido magro

1 manojo de perejil

400 ml (14 fl oz) de caldo de verduras | 2 huevos

200 g (7 oz) de nata

nuez moscada | sal

pimienta | aceite para la fuente

🕐 Elaboración: 55 min
➤ Aprox. 360 kcal por ración

1 | Precalentar el horno a 200 °C (400 °F). Pelar las patatas, el apio y las zanahorias. Cortar las patatas en rodajas gruesas, el apio y las zanahorias, en rodajas más finas. Después, cortar también el jamón cocido en tiras. Colocarlas en capas junto con la verdura en una fuente para gratinar «embadurnada» con aceite.

2 | Lavar el perejil y secarlo. Picar grueso las hojas. Batirlas con el caldo de verduras, la nata y los huevos. Sazonarlo todo bien con la nuez moscada, la sal y la pimienta. Verter esta mezcla de forma uniforme sobre el gratén. Cocerlo todo en el horno a media altura a 180 °C (350 °F) durante 30 min.

➤ Acompañamiento: ensalada de pimientos.

está rica también fría

Pastel de patatas con jamón

PARA 4 PERSONAS

➤ 1 kg (2,2 lb) de patatas harinosas

300 g (11 oz) de jamón cocido | 3 huevos

100 ml (3,5 fl oz) de leche 150 g (5 oz) de harina | 5 cs de aceite de oliva

sal | nuez moscada

tomillo seco | 1 manojo de perejil

un molde redondo (26 cm Ø –10 pulgadas–)

un poco de aceite para el molde

🕐 Elaboración: 25 min
🕐 Tiempo de horneado: 1 h
➤ Aprox. 570 kcal por ración

1 | Precalentar el horno a 200 °C (400 °F). Pelar las patatas y rallarlas. Cortar el jamón en tiras y mezclarlas con las patatas ralladas, los huevos, la leche, la harina y el aceite. Condimentarlo con la sal, la nuez moscada y el tomillo.

2 | Lavar el perejil y escurrirlo, picar finamente las hojas y mezclarlas con la masa de patata. Finalmente, cocerlo todo en el horno a media altura a 180 °C (350 °F) durante 1 h hasta que se dore.

➤ Acompañamiento: ensalada aliñada con aceite y vinagre.
➤ Bebida: cerveza rubia.

CONSEJO

Hidratos de carbono para el cerebro

Para mantenerse mentalmente en forma, se necesitan alimentos ricos en hidratos de carbono como las patatas, la pasta o el arroz. Cuando comiencen a agotarse las células grises, estas recetas con patata nos vendrán «como anillo al dedo».

un clásico | está rica también fría

Pizza

PARA 6 PERSONAS

➤ **200 g (7 oz) de quark desnatado**

5 cs de aceite de oliva

2 huevos

2 ct de orégano seco (o tomillo)

sal | pimienta

400 g (14 oz) de harina de trigo

1 paquete de levadura

1 diente de ajo

1 lata de tomate triturado (½ kg –17 oz–) | 2 cs de concentrado de tomate

150 g (6 oz) de mozzarella

400 g (14 oz) de queso de bola

100 g (4 oz) de maíz de lata

100 g (4 oz) de champiñones 1 calabacín | 1 cebolla grande | 1 pimiento rojo

aceite para la fuente de hornear

🕐 Elaboración: 20 min

🕐 Tiempo de horneado: 30 min

➤ Aprox. 745 kcal por ración

1 | Batir el quark con el aceite, los huevos, 1 ct de orégano y 1 ct de sal. Mezclar después la harina con la levadura y amasarlo con la pasta de quark.

2 | Precalentar el horno a 180 °C (350 °F). Repartir el aceite por toda la bandeja del horno y extender la masa por encima.

3 | Pelar el ajo y machacarlo en el mortero luego mezclarlo con el concentrado de tomate y el tomate triturado, condimentarlo después con 1 ct de orégano, la sal y la pimienta, y untar con ello la masa.

4 | Cortar la mozzarella y el queso de bola en tacos pequeños. Escurrir el maíz. Pelar la cebolla y cortarla en aros. Lavar el calabacín y limpiarlo. Limpiar los champiñones con un paño de cocina. Cortar los champiñones y el calabacín en rodajas. Lavar el pimiento, partirlo por la mitad, limpiarlo y trocearlo. Repartir la verdura y las setas sobre la masa, esparcir luego los dados de mozzarella y de queso de bola por encima.

5 | Cocer la pizza en el horno caliente a media altura a 160 °C (320º F) durante aproximadamente 30 min hasta que se dore la masa y el queso se haya fundido.

➤ Acompañamiento: ensalada verde.

➤ Bebidas: un vino blanco fresco o un vino tinto ligero.

CONSEJO

Variante energética

En lugar de la harina blanca de trigo, utiliza harina de trigo integral: la base de la pizza será más copiosa y más rica en elementos vitales. La harina de trigo integral contiene ocho veces más cantidad de vitamina B1 y seis veces más de vitamina B2 que la harina blanca común. Con esta aportación adicional, se fortalecen los nervios y se estimula la concentración.

fácil
Tarta de queso

PARA 12 PORCIONES

➤ **Para la base:**

150 g (5 oz) de mantequilla

¼ kg (9 oz) de harina

50 g (2 oz) de azúcar

2 huevos

➤ **Para el relleno:**

3 huevos

75 g (2,6 oz) de mante-quilla

100 g (4 oz) de azúcar

¾ kg (26,5 oz) de quark

2 sobres de azúcar de vainilla

aceite para el molde

un molde redondo de 26 cm (10,2 pulgadas) de diámetro

🕐 Elaboración: 45 min

🕐 Tiempo de horneado: 50 min

➤ Aprox. 370 kcal por ración

1 | Desmenuzar la mantequilla en copos y amasarla enérgicamente con la harina, el azúcar y los huevos. Extender la masa sobre una superficie de trabajo espolvoreada con harina; introducirla en el molde embadurnado de aceite cubriendo tanto el fondo como los lados. Guardar durante 30 min en la nevera.

2 | Separar los huevos, batir las yemas de huevo con la mantequilla y el azúcar hasta que estén espumosas. Agregar a continuación el quark con el azúcar de vainilla. Montar las claras de huevo e incorporarlas a la masa de quark. Precalentar el horno a 220 °C (425 °F).

3 | Verter la cobertura sobre la base. Cocerlo todo en el horno a media altura a 200 °C (400 °F) durante aproximadamente 50 min. Para que la tarta no se «chamusque», cubrirla con papel de aluminio al cabo de 30 min.

rápida | económica
Tarta de manzana

PARA 12 PORCIONES

➤ **Para la base:**

200 g (7 oz) de mantequilla blanda

150 g (5 oz) de azúcar

1 huevo grande

3 sobres de azúcar de vainilla

400 g (14 oz) de harina

2 ct de levadura

➤ **Para el relleno:**

800 g (28 oz) de manzanas

1 cs de canela

aceite para el molde

un molde redondo de 26 cm (10,2 pulgadas) de diámetro

🕐 Elaboración: 15 min

🕐 Tiempo de horneado: 50 min

➤ Aprox. 350 kcal por ración

1 | Embadurnar el molde de aceite. Amasar enérgicamente la mantequilla, el azúcar, el huevo, el azúcar de vainilla, la harina y la levadura formando migas. Cubrir el molde con la mitad de dichas migas.

2 | Precalentar el horno a 180 °C (350 °F). Pelar las manzanas, quitarles las pepitas y cortarlas en gajos. Colocar los gajos de manzana sobre las migas y espolvorear la canela por encima. Finalmente, cubrir con las migas restantes.

3 | Hornear la tarta a media altura a 160 °C (320 °F) unos 50 min hasta que se haya dorado bien la superficie. Dejar que la tarta se enfríe antes de cortarla en porciones.

incluso fría sabe bien

Hinojo gratinado
Finocchi gratinati

PARA 4 PERSONAS
- ➤ 4 bulbos de hinojo
  1 limón
  50 g (2 oz) de parmesano recién rallado
  50 g (2 oz) de mantequilla
  nuez moscada
  pimienta | sal

🕒 Elaboración: 35 min
➤ Aprox. 170 Kcal por ración

1 | Poner agua con sal al fuego. Lavar el hinojo, cortarlo en 4 trozos y dejar las hojas aparte. Lavar el limón con agua caliente y cortarlo en rodajas gruesas. Poner a cocer a fuego lento el hinojo con el limón entre 10 y 12 min, sacarlo del agua y precalentar el horno a 220 ºC (425 ºF).

2 | Picar finamente la parte verde del hinojo y mezclarla con el parmesano. Engrasar el molde para gratinar y colocar el hinojo. Salpimentar, espolvorear por encima el parmesano y repartir la

mantequilla restante en copitos. Meterlo en el horno a 200 ºC (400 ºF) y gratinar.

para invitados | vegetariana

Rollitos de berenjena
Involtini di melanzane

PARA 12 UNIDADES
- ➤ 2 berenjenas (aprox. 600 g –21,2 oz–)
  1 diente de ajo
  6 cs de aceite de oliva
  2 ramitas de tomillo
  100 g (4 oz) de aceitunas verdes sin hueso
  50 g (2 oz) de almendras peladas
  1 ct de miel
  200 g (7 oz) de *ricota salata* (o un queso de cabra suave)
  sal | pimienta
  palillos

🕒 Elaboración: 40 min (sin el tiempo para enfriar)
➤ Aprox. 90 kcal por pieza

1 | Lavar las berenjenas y cortarlas a lo largo en rodajas de 1 cm (0,4 pulgadas) de grosor. Espolvorear con abundante sal y dejar que escurran el agua

5 min. Precalentar el horno a 200 ºC (400 ºF). Pelar el ajo y aplastarlo en el aceite. Picar finamente el tomillo.

2 | Escurrir las berenjenas y ponerlas sobre una bandeja de horno. Untarlas con el aceite de ajo y ponerlas en el grill, a temperatura media entre 8 y 10 min hasta que se doren por ambas caras. Sacarlas, salpimentarlas y espolvorearlas con tomillo. Después, dejar que se enfríen por completo.

3 | Preparar una crema con 12 aceitunas, miel y un poco de sal y pimienta. Cortar el queso en tiras o palitos. Untar 12 rodajas de berenjena con la crema y poner el queso encima. Enrollarlas y pincharles una aceituna con un palillo.

CONSEJO Las berenjenas gratinadas enriquecen cualquier bufé, rellenas o marinadas en zumo de limón y aceite de oliva. También puede picarlas muy finamente y mezclarlas con aceitunas y almendras (como crema para untar).

facilísima
Tortellini «Aurora»

PARA 4 PERSONAS
➤ ½ kg (17 oz) de *tortellini* (rellenos al gusto)
sal
1 lata de tomate triturado (400 g –14 oz–)
200 g (7 oz) de nata
1 diente de ajo
pimienta de Cayena
4 ramitas de albahaca
parmesano
para espolvorear

🕐 Elaboración: 15 min
➤ Aprox. 460 kcal por ración

1 | Poner al fuego agua con sal para los *tortellini*. Mientras tanto, poner a calentar el tomate junto con la nata en una sartén grande y dejarlo a fuego medio hasta que haga espuma. Pelar el ajo, machacarlo y agregarlo a la salsa. Condimentarla con la sal y la pimienta de Cayena. Lavar la albahaca y cortar las hojas en tiras finas.

2 | Cocer los *tortellini* hasta que todos hayan subido a la superficie y luego escurrirlos. Añadirlos a la salsa de la sartén, espolvorear la albahaca por encima y mezclar todo bien. Dejarlos reposar y servirlos con el parmesano.

➤ Bebidas: un vino tinto, por ejemplo Chianti.

clásica
Rigatoni con brécol y gorgonzola
Rigatoni con broccoli e gorgonzola

PARA 4 PERSONAS
➤ 500 g (1 lb) de brécol
1 limón
1 cebolla
2 dientes de ajo
30 g (1 oz) de mantequilla
150 g (5 oz) de Gorgonzola
150 g (5 oz) de nata
400 g (14 oz) de *rigatoni*
sal | pimienta blanca
nuez moscada

🕐 Elaboración: 30 min
➤ Aprox. 800 kcal por ración

1 | Dividir el brécol en troncos y lavarlos. Lavar el limón con agua caliente y cortarlo en rodajas gruesas. Poner al fuego agua con sal, incorporar el brécol y el limón; dejar que hierva 5 min. Después, escurrir y retirar las rodajas de limón.

2 | Poner agua para los *rigatoni*. Pelar el ajo y la cebolla, y picarlos finamente. Derretir la mantequilla en una sartén grande y pochar en ella la cebolla y el ajo. Cortar el queso en dados e incorporarlo a la sartén con la nata.

3 | Cuando el agua esté hirviendo, añadir la pasta y dejar que cueza durante 10 o 12 min hasta que esté "al dente". Al mismo tiempo, poner al fuego la crema de gorgonzola y remover sin parar hasta conseguir una salsa cremosa. Calentar después el brécol en esta salsa y condimentarla con sal, pimienta y nuez moscada. Escurrir la pasta y mezclarla con la salsa.

➤ Variantes: si lo desea, puede ponerle unas tiras de jamón (como en la foto). En vez de brécol, también puede utilizar espinacas.

para invitados | les sorprenderá

Medallones de rape con patatas, calabacín y tomate

Coda di rospo con gratin di patate, zucchini e pomodori

PARA 4 PERSONAS

➤ **Para el gratén:**

2 calabacines

¼ kg (9 oz) de tomates pequeños en rama

400 g (14 oz) de patatas cocidas

2 ramitas de tomillo

6 cs de aceite de oliva

50 g (2 oz) de parmesano

sal | pimienta

➤ **Para el pescado:**

8 medallones de rape (de 80 g –2,8 oz– cada uno)

4 cs de zumo de limón

6 cs de aceite de oliva

sal | pimienta

🕐 Elaboración: 1 h

➤ Aprox. 515 kcal por ración

1 | Lavar los calabacines y los tomates, limpiarlos y cortarlos en rodajas. Pelar las patatas y cortarlas también en rodajas finas. Dejar todo preparado sobre la tabla de cortar y condimentarlo. Espolvorear las hojas de tomillo sobre la verdura y precalentar el horno a 180 ºC (350 ºF).

2 | Untar un molde con un poco de aceite de oliva y colocar, alternativamente y en sentido vertical, rodajas de patata, de calabacín y de tomate. Regar con aceite y ponerlo en el horno a intensidad media durante 30 min.

3 | Lavar los medallones de rape y secarlos con papel de cocina. Salarlos y ponerles zumo de limón por ambos lados.

4 | Espolvorear la verdura con parmesano rallado y dejarla en el horno 10 min más, hasta que se haya formado una especie de costra dorada.

5 | Al mismo tiempo, freír los medallones de rape durante 3 min por cada lado. Colocar el pescado en platos previamente calentados y acompañarlo con una porción de gratén de verduras.

➤ Variante: no es exactamente lo mismo, pero resulta muy bien: condimente los medallones de rape con sal y zumo de naranja, y disuelva un poco del zumo de naranja recién exprimida en la sartén. Para ligar la salsa, bastará con disolver un poco de mantequilla congelada.

➤ Bebida: un vino blanco elegante como el Chardonnay.

para invitados |
de frutas

Crema de mascarpone con fresas

Crema di mascarpone con fragole

PARA 4 PERSONAS

➤ ½ kg (17 oz) de fresas
2 cs de azúcar
4 cl (1,3 fl oz) de licor de naranja (o zumo de limón)
100 g (4 oz) de nata
2 yemas de huevo
¼ kg (9 oz) de mascarpone

🕐 Elaboración 25 min
➤ Aprox. 450 Kcal por ración

1 | Lavar las fresas, reservar la mitad y cortar la otra mitad en trocitos. Dejarlas macerar con 1 cs de azúcar y el licor de naranja.

2 | **Montar la nata:** poner en un bol las yemas de huevo con 2 cs de azúcar y batirlas hasta conseguir una crema espumosa y blanca. Mezclar la crema con la nata montada e incorporar el mascarpone.

Finalmente, agregar los trocitos de fresas maceradas.

3 | Distribuir la crema de mascarpone en 4 tazones y adornar con las fresas restantes.

CONSEJO

Huevos crudos

Los huevos crudos son potenciales portadores de salmonelosis. Si no está muy seguro de si los huevos están realmente frescos, sustituya las yemas de huevo y las 2 cs de azúcar por ⅛ l (4,2 fl oz) de licor de huevo.

para invitados

Panna cotta con frambuesas

Panna Cotta con lamponi

PARA 4 MOLDES DE (150 ML –5 FL OZ–)

➤ 6 hojas de gelatina neutra
200 g (7 oz) de nata
300 ml (10,6 fl oz) de leche
2 cs de azúcar
1 vaina de vainilla
¼ kg (9 oz) de frambuesas
2 ct de pistachos pelados

🕐 Elaboración: 25 min
🕐 En el frigorífico: 4 h
➤ Aprox. 280 kcal por ración

1 | Sumergir las hojas de gelatina en agua caliente durante 10 min. Calentar en un cazo la nata con la leche y el azúcar. Abrir la vaina de vainilla por el lado largo, sacar las semillas y añadirlas a la leche. Dejar que hierva y retirar del fuego. Escurrir las hojas de gelatina y disolverlas completamente con un batidor en la crema de leche. Llenar 4 moldes de postre con la *panna cotta* y dejar 4 h en el frigorífico hasta que se haya solidificado.

2 | Seleccionar las frambuesas. Separar la *panna cotta* del borde de los moldes con un cuchillo afilado, sumergir un instante la base de los moldes en agua caliente para que se desprenda con más facilidad y volcar la crema sobre platitos de postre. Decorarla con las frambuesas y espolvorearla con los pistachos.

Los golosos

Resistirse es inútil...

Recetas rápidas

Bola de *nougat* con nueces

MOLDE ESFÉRICO (1 ½ L - 51 FL OZ); 12 PORCIONES

➤ 10 hojas de gelatina │ 200 g (7 oz) de crema de *nougat* y nueces │ 400 ml (14 fl oz) de leche │ 1 base de pasta quebrada │ 400 g (14 oz) de nata │ 1 paquete de azúcar de vainilla │ huevos de chocolate (tipo kinder Schoko-Bons)

1 │ Ablandar la gelatina. Calentar el *nougat* y 150 ml (5 fl oz) de leche. Deshacer la gelatina y añadir la leche restante. Ponerlo a enfriar.

2 │ Recortar la base al tamaño del molde. Montar ⅛ kg (9 oz) de la nata y el azúcar de vainilla y agregarlo a la leche que está cuajando. Verter la mitad de la crema en el molde. Repartir encima 1 capa con los restos de la base. Echar el resto de la crema. Colocar la base. Ponerlo a enfriar durante 4 h. Decorarlo con la nata y las mitades de huevo.

Tarta de Smarties

MOLDE (24 CM – 9,4 PULGADAS Ø–); 12 PORCIONES

➤ 100 g (3,5 oz) de *nougat* con nueces │ 150 g (5 oz) de almendras en láminas │ 200 g (7 oz) de yogur de queso fresco │ 300 g (10,6 oz) de yogur de vainilla │ 50 g (2 oz) de azúcar │ 2 cs de zumo de limón │ 200 g (7 oz) de nata │ 3 paquetes de estabilizador de nata │ 60 g (2,1 oz) de Smarties

1 │ Derretir el *nougat* y mezclarlo con la almendra laminada. Repartir la masa en el molde cubierto con papel de repostería. Poner a enfriar la base.

2 │ Remover el queso fresco, el yogur, el azúcar y el zumo de limón hasta alisarlo. Montar la nata y el estabilizador, y añadirlo a lo anterior. Untar la crema sobre la base de almendra. Poner a enfriar la tarta tapada durante 2 h. Servirla decorada con los Smarties.

Pudin de caramelo

MOLDE (2 L – 68 FL OZ–); 16 PORCIONES

➤ 200 g (7 oz) de azúcar 50 g (2 oz) de
mantequilla 1 cs de miel líquida 300 g
(10,6 oz) de nata 1 ½ l (51 fl oz) de helado de vainilla 125 g (4,4 oz) de nueces
de macadamia 60 g (2,1 oz) de pistachos
1 base clara de pasta quebrada

1 | Caramelizar el azúcar. Añadir removiendo
la mantequilla, la miel y 100 g (4 oz) de nata, y
cocerlo 1 min. Dejarlo enfriar.

2 | Poner a descongelar el helado. Picar las
nueces. Añadir 100 g (4 oz) junto con 50 g
(2 oz) de los pistachos al caramelo. Montar
el resto de la nata y agregarla. Echarlo todo al
molde. Añadir el caramelo. Congelarlo 6 h.

3 | Recortar la base al mismo tamaño que
el helado. Volcar el helado sobre la base y
decorarlo con las nueces y los pistachos.

Tarta helada de *cassis*

MOLDE (26 CM –10,2 PULGADAS Ø–);
16 PORCIONES

➤ 150 g (5 oz) de grosellas negras o rojas
2 cs de azúcar 4 cs de *cassis*
1 l (35 fl oz) de helado de vainilla *cassis*
400 g (14 oz) de nata ¾ l (26,5 fl oz)
de helado de yogur 150 g (5 oz) de yogur
de nata 1 base clara de pasta quebrada

1 | Coger las bayas, reservar algunas y mezclar
el resto con el azúcar y el *cassis*. Descongelar el
helado de *cassis*. Montar la nata. Alisar el helado.
Agregar 100 g (3,5 oz) de la nata. Untarla en el
fondo y sobre los bordes del molde cubierto con
papel transparente. Congelarlo.

2 | Añadir el yogur y los 100 g (3,5 oz) de
la nata montada. Mezclar las frutas con el
jugo y repartirlo todo por el molde. Colocar
encima la base. Congelarlo 6 h. Decorarlo
con el resto de la nata y las bayas.

prestar atención

Tartita de la Selva Negra con cerezas

**PARA 1 BANDEJA
(6 TROZOS)**

➤ 5 huevos
150 g (5 oz) de azúcar
75 g (2,3 oz) de harina
125 g (4,4 oz) de espesante
25 g (0,9 oz) de cacao
2 pizcas de vainilla molida
1 tarro de guindas (370 g
–13 oz– peso escurrido)
400 g (14 oz) de nata
2 cs de licor de cerezas
(o zumo de cerezas de bote)
50 g (2 oz) de chocolate
rallado

🕐 Elaboración: 1 h
🕐 Horneado: 15 min
🕐 Nevera: 30 min
➤ Aprox. 600 kcal por ración

1 | Precalentar el horno a
180 °C (350 °F). Separar las
yemas de las claras y montar
estas últimas. Agregar poco a
poco 125 g (4,4 oz) de azúcar
a cucharadas pequeñas.
Mientras tanto, continuar
batiéndolo todo hasta que las
claras comiencen a brillar y
se puedan cortar.

2 | Batir las yemas de huevo en
2 ct de agua hasta conseguir
espuma. Mezclar la harina,
65 g (2 $^1/_3$ oz) de espesante,
el cacao y 1 pizca de vainilla
molida y añadirlo todo
rápidamente con la nieve
de huevo. Cubrir la bandeja
con papel de repostería y
repartir la masa hasta que esté
completamente lisa.

3 | Cocer el bizcocho en el
horno caliente (a media
altura, con aire a 160 °C
–320 °F–) durante unos
15 min y vocarlo en un paño
cubierto con el azúcar restante.
Frotar el papel de repostería
con un trapo húmedo y tirar
de él con cuidado.

4 | Lavar y escurrir las cerezas
en un colador sobre una
cazuela pequeña. Reservar
12 cerezas para decorar.

5 | Remover el resto del
espesante con 8 cs de licor
de cerezas. Subir a punto de
ebullición el licor de cerezas
restante y agregar la solución

de espesante y una pizca de
vainilla molida. Subirlo a
punto de ebullición sin dejar
de remover, dejarlo enfriar
un poco después y meterlo
30 min en la nevera.

6 | Una vez enfriado el
pudin de cerezas, recortar
12 círculos de 9 cm (3,6
pulgadas). Montar la nata.
Remover la gelatina de
cerezas con las varillas de
la batidora y agregar con
cuidado $^2/_3$ partes de la nata.

7 | Untar 6 de las bases de
bizcocho con el licor de
cerezas. Repartir encima de
ellas las cerezas y untarlas con
la nata de cerezas. Por último,
colocar encima el resto de los
círculos de bizcocho.

8 | Untar cada una de las
tortitas por los lados y por
encima con un poco de la
nata restante. Espolvorear
a continuación el chocolate
rallado por encima, y colocar
finalmente 2 cerezas en cada
una de ellas.

clásica reinventada

Bizcocho de alforfón con crema de frambuesa

PARA 1 MOLDE DE 26 CM
–10,2 PULGADAS– Ø
(12 TROZOS)

➤ **½ kg (9 oz) de frambuesas (o bayas descongeladas y escurridas)** | **4 huevos**

100 g (4 oz) de miel líquida (miel de flores o alfalfa)

100 g (4 oz) de harina de alforfón bien molida (tienda de dietética)

1 ct de levadura

70 g (2,4 oz) de avellanas molidas

6 hojas de gelatina

375 g (13,2 oz) de leche cuajada

60 g (2,1 oz) de azúcar glas

100 g (4 oz) de nata

🕐 Elaboración: 60 min
🕐 Tiempo para gelatinizar: 3 h
🕐 Horneado: 30 min
➤ Aprox. 200 kcal por ración

1 | Precalentar el horno a 175 °C (375 °F) (no se recomienda calor procedente de la parte superior o inferior). Cubrir la base del molde con papel de repostería y montar el molde. Lavar las frambuesas.

2 | Batir los huevos durante 2 min en una fuente y convertirlos con ayuda de las varillas de la batidora eléctrica en una masa blanca y cremosa. Agregar 4 cs de agua y continuar batiendo la espuma otros 2 min. Incorporar a continuación la miel.

3 | Mezclar la harina de alforfón con la levadura en polvo y 50 g (2 oz) de nueces molidas, y agregarlas con cuidado a la masa. Se puede hacer con la ayuda de dos cucharas.

4 | Colocar la masa en el molde e introducirla en el horno caliente (parte inferior) durante unos 30 min. Dejar enfriar un poco la tarta en el molde. A continuación, volcarla en la rejilla del horno, quitarle el papel y dejarla enfriar por completo.

5 | Mientras que la tarta esté en el horno, preparar el relleno de crema: ablandar la gelatina, triturar las

frambuesas y pasarlas por un tamiz fino. Agregar la leche cuajada y el azúcar glas a las frambuesas.

6 | Colocar la gelatina mojada en una cazuela pequeña y deshacerla a fuego lento. Agregar primero 2 cs de la leche cuajada de frambuesas y añadir con rapidez esta mezcla al resto de la leche cuajada. Colocarla durante 10 min en la nevera hasta que la masa comience a gelatinizarse.

7 | Montar la nata y agregarla a la crema de leche cuajada de frambuesas. Poner esta de nuevo en la nevera. Cortar la tarta, una vez fría, de forma horizontal. Colocar en torno a la mitad inferior un anillo para tartas y repartir el resto de las nueces sobre la base. Repartir por encima la crema, colocar a su vez encima la tapa y dejar enfriar la tarta durante 3 h. Antes de servir, espolvorearla con el azúcar glas.

económica | sin hornear

Bizcocho de naranja y nata

PARA 12 TROZOS

- 6 hojas de gelatina blanca
- 3 naranjas pequeñas
- ½ kg (17 oz) de nata
- 65 g (2,3 oz) de azúcar
- 2 cs de licor de naranja (o zumo de naranja)
- 1 base de bizcocho (producto precocinado)
- ¼ ml (9 fl oz) de zumo de naranja
- 1 paquete de cobertura clara para tartas

⏱ Elaboración: 1 ¼ h
🕐 Nevera: 1 ½ h
➤ Aprox. 185 kcal por ración

1 | Ablandar la gelatina. Rallar finamente 2 ct de piel de la naranja, y quitar de la piel restante entre 1 y 2 tiras.

2 | Exprimir la gelatina, deshacerla y dejarla enfriar.

3 | Montar la nata con 3 cs de azúcar, agregar la piel rallada de naranja, el licor y la gelatina. Echar ⅓ de la nata en una manga pastelera con una boquilla amplia en forma de estrella. Poner a enfriar ambas porciones de nata.

4 | Pelar bien todas las naranjas. Cortar las frutas transversalmente en rodajas de unos 5 mm (0,2 pulgadas) de grosor, y cortar cada una de estas en 12 segmentos.

5 | Repartir la nata sobre el bizcocho, marcar las 12 porciones y cubrirlas todas

con la naranja fragmentada. Colocar primero en el centro 12 trozos formando un círculo y, a continuación, poner a cada trozo de naranja otro apuntando hacia fuera. Repartir los trozos de naranja sobrantes sobre la tarta.

6 | Preparar una cobertura a partir del zumo de fruta, el azúcar restante y la cobertura de tartas y repartirla sobre la naranja. Poner a enfriar la tarta en la nevera 1 ½ h.

7 | Mientras tanto, picar finamente las tiras de naranja. Decorar la tarta con el resto de la nata y espolvorear ésta con la piel de naranja.

1 Pelar la naranja
Pelar las naranjas hasta llegar a su carne.

2 Marcar las porciones
Marcar sobre la nata recién alisada 12 porciones de tarta.

3 Decorar
Repartir la naranja de tal forma que los cortes de las porciones queden libres.

reciente sabe mucho mejor

Buñuelos con nata de zarzamoras

PARA 18 TROZOS

- **150 g (5 oz) de harina**
- **50 g (2 oz) de mantequilla**
- **1 pizca de sal**
- **1 cs de azúcar**
- **4 huevos (tamaño L)**
- **1 pizca de levadura (opcional)**
- **180 g (6,3 oz) de zarzamoras (o frambuesas)**
- **50 g (2 oz) de cobertura blanca**
- **200 g (7 oz) de nata muy fría**
- **azúcar glas para espolvorear**

◷ Elaboración: 40 min
◷ Horneado: aprox. 30 min
➤ Aprox. 95 kcal por ración

1 | Tamizar la harina. En una cazuela estrecha, llevar a punto de ebullición exactamente ¼ l (9 fl oz) de agua con la mantequilla, la sal y el azúcar; retirarla a continuación del fuego (dejar encendido el fuego).

2 | Precalentar el horno a 200 °C –400 °F– y con el aire puesto. (En este caso, no se recomienda el calor procedente de abajo o de arriba). Verter la harina de una sola vez en el líquido hirviendo y removerlo todo con la cuchara de madera hasta alisarlo. Colocar la cazuela de nuevo en el fuego y continuar removiendo enérgicamente hasta que la masa se separe del fondo en una bola, y en el fondo se forme una tela blanca. Entonces, retirar la cazuela rápidamente del fuego.

3 | Agregar 1 huevo a la masa con ayuda del brazo de la batidora eléctrica. Alisar de nuevo la masa por completo antes de añadir el siguiente huevo. Añadir así todos los huevos. Dejar enfriar la masa durante unos minutos.

4 | Cubrir dos bandejas con papel de repostería. La masa fría debe tener un aspecto liso y brillante y desprenderse de la cuchara formando largas puntas. Si la masa resultara demasiado dura, añadir una pizca de levadura recién tamizada.

5 | Colocar con ayuda de 2 cs pequeños montoncitos de masa de unos 4 cm (1,57 pulgadas) ø con una amplia separación entre sí. Meter ambas bandejas en el horno y hornear los buñuelos aproximadamente 25 min.

6 | Limpiar y lavar las zarzamoras. Derretir la cobertura al baño María y dejarla enfriar unos 15 min (debe permanecer aún en estado líquido). Montar a continuación la nata y agregarla a la cobertura a cucharadas. Añadir las zarzamoras y dejar enfriar la cobertura de nuevo.

7 | Una vez preparados los buñuelos, dejar la puerta del horno entreabierta durante otros 5 min. Abrir los buñuelos aún calientes con las tijeras y dejarlos enfriar 10 min.

8 | Rellenar los buñuelos con la nata de chocolate y zarzamoras, espolvorearlos con el azúcar y servirlos de inmediato si es posible.

rápida | para el bufé

Tarta crujiente de fresa

MOLDE DESMONTABLE
(26 CM –10,2 PULGADAS– Ø)

- 150 g (5 oz) de azúcar
  230 g (8,1 oz) de muesli crujiente | 20 g (0,7 oz) de mantequilla
  6 hojas de gelatina blanca
  ½ kg (1 lb) de fresas
  2 cs de zumo de limón | 3 cs de licor de fresa
  400 g (14 oz) de queso fresco ligero | ¼ kg (9 oz) de nata

⏱ Elaboración: 30 min
⏱ Nevera: 3 h
- Aprox. 250 kcal por ración

1 | Caramelizar 100 g (4 oz) de azúcar. Añadir 200 g (7 oz) de muesli y mantequilla, y mezclarlo todo. Colocar la masa sobre la base (en el molde cubierto con papel de repostería) y presionarla.

2 | Ablandar la gelatina. Lavar las fresas, limpiarlas y cortarlas en cuartos. Triturar 200 g (7 oz) de fresas. Remover el puré, el zumo de limón, el licor, el azúcar y el queso restantes hasta que esté todo liso. Exprimir la gelatina, deshacerla y mezclarla con 3 cs de crema de fresa. Agregarla al resto de la crema.

3 | Batir la nata y añadirla a la crema que está gelatinizando. Untar un poco de la crema en la base. Repartir por encima 200 g (7 oz) de fresas. Untar el resto de la crema sobre las fresas. Enfriarla 3 h. Decorar la tarta con fresas y muesli.

para festivos | para invitados

Carlota de kiwi y menta

MOLDE DE CARLOTA (20 CM
–8 PULGADAS– Ø)

- Aprox. ¼ kg (9 oz) de bizcochos | 4 kiwis | 2 limas
  10 hojas de gelatina blanca
  80 g (2,8 oz) de azúcar
  1 paquete pequeño de azúcar de vainilla
  200 ml (7 fl oz) de zumo de naranja | 1 cuenco pequeño de menta
  200 g (7 oz) de nata
  4 cs de licor de menta
  400 g (14 oz) de crema agria

⏱ Elaboración: 45 min
⏱ Nevera: 4 h
- Aprox. 225 kcal por ración

1 | Cubrir la base de la tarta en forma de roseta con los bizcochos. Pelar 3 kiwis y cortarlos en rodajas. Rallar la piel de las limas y exprimirlas.

2 | Ablandar la gelatina. Hervir el azúcar, el azúcar de vainilla, el zumo de lima y de naranja. Blanquear ahí brevemente las rodajas de kiwi. Sacarlas, escurrirlas y enfriarlas. Exprimir la gelatina y deshacerla en el zumo. Enfriar todo en la nevera.

3 | De los bizcochos restantes, cortar aprox. 2 cm (0,78 pulgadas). Picar finamente la menta. Batir la nata. Agregar al zumo (que está gelatinizando) la menta, el licor, la crema agria y la nata montada. Untar una capa fina de crema sobre los bizcochos. Colocar los bizcochos con la parte de azúcar mirando hacia fuera alrededor del borde del molde. Situar, por capas, las rodajas de kiwi y crema. Poner a enfriar la carlota durante 4 h.

4 | Volcar la carlota sobre una bandeja y decorarla con el kiwi restante.

para el bufé | sofisticada

Tarta de crema de frambuesa

MOLDE DESMONTABLE
(24 CM –9,4 PULGADAS– Ø)

➤ 1 lima | melisa

3 paquetes de barquillos con chocolate (cada uno con 18 unidades)

50 g (2 oz) de mantequilla

1 bolsa de gelatina con sabor a frambuesa (½ l –17 fl oz– de agua)

400 g (14 oz) de frambuesas

100 g (3,5 oz) de azúcar

150 g (5 oz) de yogur

400 g (14 oz) de nata

🕐 Elaboración: 45 min
🕐 Nevera: 6 h
➤ Aprox. 380 kcal por ración

1 | Rallar la piel de la lima. Exprimirla. Machacar 200 g (7 oz) de barquillos. Derretir la mantequilla. Amasarlo todo con las migas del barquillo y la piel de lima. Colocar el aro del molde sobre una bandeja de tartas. Colocar ahí la masa y presionarla. Poner a enfriar la base.

2 | Mezclar la gelatina con ¼ l (9 fl oz) de agua. Lavar las frambuesas. Añadir el azúcar a la gelatina y calentarlo todo (¡sin cocerlo!). Dejarlo enfriar.

3 | Remover el yogur y el zumo de lima. Montar 200 g (7 oz) de nata. Añadir el yogur, la nata y 200 g (7 oz) de las frambuesas a la gelatina que está cuajando. Untar un poco de la crema en la base de los barquillos. Colocar el resto de los barquillos de pie, alrededor del borde de la tarta, sobre la base. Repartir 100 g (4 oz) de las frambuesas sobre la capa de crema. Distribuir el resto de la crema sobre las bayas y alisarlo. Enfriar la tarta 5 h.

4 | Montar la nata restante. Decorar la tarta con la nata, las frambuesas y la melisa.

baja en grasas | rápida

Tarta de arándanos rojos

MOLDE DESMONTABLE
(26 CM –10,2 PULGADAS– Ø)

➤ 350 g (12,3 oz) de pan integral de centeno

60 g (2,1 oz) de mantequilla

60 g (2,1 oz) de azúcar moreno

1 ½ paquete de gelatina variada

100 g (4 oz) de chocolate amargo

1 tarro de arándanos

½ kg (17 oz) de quark desnatado | 1 limón

200 g (7 oz) de nata

3 cs de chocolate rallado

🕐 Elaboración: 30 min
🕐 Nevera: 3 h
➤ Aprox. 315 kcal por ración

1 | Desmenuzar el pan negro. Derretir la mantequilla. Mezclarla con las migas de pan y 2 cs de azúcar. Colocar el aro del molde sobre una tabla. Disponer dentro la masa y presionar un poco. Enfriar la base.

2 | Mezclar la gelatina con 9 cs de agua. Picar el chocolate. Mezclar los arándanos, el chocolate, el quark, el azúcar restante, el zumo y la piel de limón. Montar la nata. Deshacer la gelatina y mezclarla con 3 cs de quark. Añadirlo al resto de la crema. Agregar la nata. Untar la crema sobre la base y dejarla 3 h en la nevera.

3 | Decorar la tarta con el chocolate rallado y los arándanos.

Tarta con rosquillas saladas

MOLDE (26 CM
–10,4 PULGADAS– Ø)

- **2 rosquillas saladas**
  125 g (4,4 oz) de mantequilla
  200 g (7 oz) de azúcar
  12 hojas de gelatina blanca
  4 cs de zumo de limón
  **la pulpa de 1 vaina
  de vainilla | 4 manzanas**
  ½ l (17 fl oz) de leche
  4 yemas de huevo
  400 g (14 oz) de nata
  rosquillas pequeñas

- Elaboración: 45 min
- Nevera: 5 h
- Aprox. 385 kcal por ración

1 | Picar fino las rosquillas en la trituradora. Derretir la mantequilla. Amasarla con las migas y 100 g (3,5 oz) de azúcar. Repartir la masa en el molde cubierto con papel de repostería y presionar un poco. Poner la base a enfriar.

2 | Ablandar 4 hojas de gelatina. Pelar 3 manzanas y cortarlas en trozos. Caramelizar 50 g (2 oz) del azúcar. Apagarlo con 3 cs de zumo de limón y removerlo. Rehogar las manzanas en lo anterior. Exprimir la gelatina y deshacerla en la compota, repartirla sobre la base y enfriar.

3 | Ablandar el resto de la gelatina. Hervir la pulpa de vainilla y la leche. Remover las yemas de huevo y el azúcar. Añadir la leche caliente sin dejar de remover. Removerlo todo con el fuego encendido hasta que esté cremoso. Exprimir la gelatina y deshacerla en ello. Quitarlo del fuego y removerlo hasta que se enfríe.

4 | Montar la nata, agregarla a la crema que está gelatinizando y repartirla sobre la compota. Meter en la nevera durante 4 h.

5 | Cortar el resto de la manzana, verterle el zumo de manzana. Decorar la tarta con la manzana y las rosquillas.

Tarta mexicana de chocolate

MOLDE (24 CM
–9,4 PULGADAS– Ø)

- **400 g (14 oz) de cobertura
  semiamarga | 300 g
  (10,6 oz) de nata**
  **200 g (7 oz) de galletas de
  chocolate | 3 cs de tequila**
  80 g (3,2 oz) de mantequilla
  2 mangos maduros

- Elaboración: 45 min
- Nevera: 8 h
- Aprox. 400 kcal por ración

1 | Picar 300 g (10,6 oz) de cobertura y derretirla en la nata caliente. Dejar enfriar 6 h.

2 | Desmenuzar las galletas. Derretir la mantequilla y amasarla con las migas. Repartir la masa en el molde cubierto con papel de repostería y presionar un poco a continuación. Dejar enfriar la base.

3 | Pelar los mangos y cortarlos en tiras. Repartir 2/3 de las tiras sobre el fondo de galleta. Montar la nata de chocolate. Agregar el tequila. Untar la *mousse* sobre las frutas. Ponerlo en la nevera 2 h.

4 | Derretir el resto de la cobertura, untarla en un plato liso de porcelana y ponerla a enfriar. Escarbarla con una paleta hasta formar pequeños y finos rollitos. Decorar la tarta con las tiras de mango y los rollitos de chocolate.

festiva | para invitados

Tarta divina

MOLDE (20 CM
–8 PULGADAS– Ø)

> **2 bases claras de pasta quebrada**
> **8 hojas de gelatina blanca**
> **¼ l (9 fl oz) de leche**
> **½ ct de canela molida**
> **4 yemas de huevo**
> **110 g (4 oz) de miel líquida**
> **200 g (7 oz) de nata**
> **perlas doradas para decorar**

🕐 Elaboración: 45 min
🕐 Nevera: 3 h
➤ Aprox. 360 kcal por ración

1| Recortar las bases al mismo tamaño que el molde. Colocar una de las bases dentro de él.

2| Ablandar la gelatina. Subir la leche y la canela a punto de ebullición. Batir las yemas de huevo, 100 g (4 oz) de la miel y 1 cs de agua hasta que esté cremoso. Verter poco a poco la leche caliente sin dejar de remover hasta obtener una crema. Exprimir la gelatina y deshacerla en la crema. Reservar ¼ de la crema y dejar

enfriar el resto removiéndola constantemente.

3| Montar la nata. Agregar la mitad a la crema ya fría, echarlo todo en el molde y alisarlo. Colocar encima la segunda base y presionar un poco. Dejar enfriar la tarta 30 min.

4| Añadir la nata que queda al resto de la crema de miel. Separar la tarta del molde, untarla alrededor con la crema y ponerla a enfriar durante unas 2 h en la nevera. Verter el resto de la miel sobre la tarta y servirla decorada con perlas doradas.

rápida | afrutada

Tortitas de merengue con alquequenjes

PARA 4 UNIDADES

> **1 paquete de cobertura de tarta «cacao» (100 g –3,5 oz–)**
> **4 cuencos para merengue**
> **150 g (5 oz) de alquequenjes (de tarro)**
> **½ ct untado de agar-agar**
> **pulpa de ½ vaina de vainilla | 3 cs de azúcar**

🕐 Elaboración: 25 min
🕐 Nevera: 30 min
➤ Aprox. 365 kcal por ración

1| Derretir la cobertura de la tarta según las instrucciones de su envase. Verter 1 ct de cobertura en cada cuenco de merengue y alisarlo. Ponerlo a enfriar y dejarlo cuajar.

2| Escurrir los alquequenjes y reservar el zumo. Medir ⅛ l (4,2 fl oz) de zumo; mezclar 5 cs del zumo que acaba de medir con el agar-agar. Añadir el resto del zumo medido y la pulpa de vainilla, calentarlo todo y hervirlo durante 2 min. Agregar el azúcar. Poner a enfriar la mezcla hasta que comience a gelatinizar.

3| Mientras tanto, colocar los alquequenjes en los cuencos de merengue. Verter por encima el zumo gelatinizado y dejarlo cuajar. Calentar de nuevo la cobertura de la tarta. Decorar los merengues con las tiras de cobertura para tartas. Dejarlo cuajar. Está muy rico con nata montada.

Recetas para...
Los más sedientos

De fiesta sin salir de casa

Recetas rápidas

Nube blanca

PARA 1 BEBIDA

- ➤ 4 cl (1,3 fl oz) de vodka | 2 cl (0,7 fl oz) de crema de cacao blanca
  6 cl (2 fl oz) de zumo de piña | 2 cl (0,7 fl oz) de nata

- ➤ **Además:**
  cubito | hielo picado
  coctelera | tamiz de bar
  vaso largo (25 cl –8,4 fl oz–) | 1 pajita

1 | Verter el vodka, la crema de cacao, el zumo de piña y la nata en la batidora con 4 cubitos. Cerrar la coctelera y agitar enérgicamente unos 20 seg.

2 | Llenar ⅓ del vaso con hielo picado. Verter el contenido de la coctelera, pasándolo por el tamiz, y servir el combinado con una pajita.

Grasshopper

PARA 1 BEBIDA

- ➤ 2 cl (0,7 fl oz) de crema de cacao blanca | 2 cl (0,7 fl oz) de crema de menta verde | 4 cl (1,3 fl oz) de nata

- ➤ **Además:**
  hielo picado | coctelera | tamiz de bar
  vaso de cóctel (12 cl –4 fl oz–)

1 | Echar la crema de cacao, la crema de menta y la nata en la coctelera con 4 cubitos. Cerrar la coctelera y agitar el conjunto unos 20 seg enérgicamente. Verter su contenido en la copa, pasándolo por el tamiz.

Sugerencia: hay muchas recetas de este cóctel de nata. Sencillamente, pruebe la que le guste más. Por ejemplo, para una copa de cóctel de 15 cl (5 fl oz) debe poner 3 cl (1 fl oz) de crema de cacao blanca y la crema de menta verde con 4 cl (1,4 fl oz) de nata, y batir como hemos indicado arriba.

Bellini

PARA 1 BEBIDA

➤ ½ melocotón (natural y maduro)
1 chorrito de sirope de granadina
cava seco muy frío para rellenar

➤ **Además:**
batidora eléctrica
copa de cava (10 cl –3,4 fl oz–)

1 | Lavar medio melocotón, secarlo y pelarlo. Cortar la pulpa en finas láminas.

2 | Poner los trozos de melocotón con el sirope de granadina en la batidora eléctrica y hacer un fino puré.

3 | Verter el puré de melocotón en la copa y terminar de llenar con cava.

Tequila Sunrise

PARA 1 BEBIDA

➤ 6 cl (2 fl oz) de tequila blanco
12 cl (4fl oz) de zumo de naranja
1 cl (0,35 fl oz) de zumo de limón
1-2 cl (0,67 fl oz) de sirope de granadina

➤ **Además:**
cubitos de hielo
vasos grandes de cóctel (30 cl –10,1 fl oz–)
1 pajita

1 | Poner 4 cubitos en el vaso. Añadir el tequila, el zumo de naranja y el zumo de limón y remover bien brevemente.

2 | Dejar caer despacio el sirope de granadina en la bebida. Remover cuidadosamente en forma de espiral de arriba abajo y servir con una pajita.

clásico
Cóctel de Martini

PARA 1 BEBIDA

➤ 8 cl (2,7 fl oz) de ginebra
2 cl (0,7 fl oz) de vermú *dry* (p. ej. Martini Extra Dry)
1 aceituna verde grande

➤ **Además:**

cubitos de hielo │ vaso mezclador │ tamiz │ copa de cóctel

1│ Echar la ginebra y el vermú con 8-10 cubitos de hielo en el vaso. Remover todo enérgicamente unos 6 seg.

2│ Verter la mezcla en la copa de cóctel, pasándola por el tamiz. Poner la aceituna en la copa con cuidado. Servir el combinado enseguida.

➤ Variante: este cóctel se puede preparar con vodka en vez de ginebra.

TRUCO Para que adquiera un sabor ligeramente ácido, se puede poner 1 trozo de limón sobre el vaso, así su «esencia» goteará sobre la bebida. Añadir la piel dentro del vaso.

refrescante
Gin Fizz

PARA 1 BEBIDA

➤ 6 cl (2fl oz) de ginebra
4 cl (1,3 fl oz) de zumo de limón recién exprimido
2 cl (0,7 fl oz) de sirope de azúcar
1 ct de azúcar
1 chorrito de agua mineral con gas

➤ **Además:**

cubitos │ coctelera │ tamiz │ vaso largo (25 cl –8,4 fl oz–)

1│ Poner la ginebra, el zumo de limón y el sirope de azúcar con 4 cubitos en la coctelera. Cerrarla y agitarla enérgicamente unos 20 seg.

2│ Verter el contenido de la coctelera en un vaso con 3 o 4 cubitos, pasándolo por el tamiz. Completar el combinado con el agua mineral.

➤ Variantes: si quiere darle otros gustos a esta refrescante bebida, en lugar de ginebra se puede utilizar ron claro, *bourbon* o vodka.

shortdrink
Gimlet

PARA 1 BEBIDA

➤ 6 cl (2 fl oz) de ginebra
4 cl (1,3 fl oz) de zumo de lima Rose's

➤ **Además:**

cubitos │ vaso mezclador
tamiz de bar │ copa de cóctel (12 cl –4,2 fl oz–)

1│ Verter la ginebra y el zumo de lima con 4 cubitos en un recipiente alto. Remover el conjunto 8 seg enérgicamente.

2│ Servirlo en la copa de cóctel, pasándolo por el tamiz.

TRUCO Una estupenda base para cócteles sin alcohol es el zumo de limón y el zumo de uva. Para ello, corte 1 tallo de melisa, hiérvala con ¼ l (9 fl oz) de zumo de uva y déjelo macerar toda la noche y ¡páselo por un tamiz para volver a utilizarlo! Verter 6 cl (2 fl oz) de zumo de limón con zumo de uva, 1 cl (0,35 fl oz) de zumo de lima y 1 chorrito de bíter sin alcohol en un vaso con 3 cubitos.

un clásico
Cosmopolitan

PARA 1 BEBIDA

➤ 4 cl (1,3 fl oz) de vodka

2 cl (0,7 fl oz) de licor de naranja (p. ej. Cointreau)

2 cl (0,7 fl oz) de néctar de arándanos | 2 cl (0,7 fl oz) de zumo de lima

➤ **Además:**

cubitos de hielo

coctelera | tamiz de bar

vaso de cóctel (12 cl –4 fl oz–)

1 | Verter en la coctelera el vodka, el licor de naranja, el néctar de arándanos y el zumo de lima con 4 cubitos.

2 | Cerrar la coctelera y agitar enérgicamente unos 20 seg. Echar el contenido de la coctelera en el vaso de cóctel, pasándolo por el tamiz.

➤ Sin alcohol: mezclar 2 cl (0,7 fl oz) de néctar de cerezas, 2 cl (0,7 fl oz) de néctar de arándanos y 2 cl (0,7 fl oz) de zumo de lima. Poner en el vaso con 3 cubitos y completar con *gingerale*.

ácido | fuerte
Green Vamp

PARA 1 BEBIDA

➤ 1 cl (0,35 fl oz) de absenta (55% vol.)

2 cl (0,67 fl oz) de *Blue Curaçao* | 6 cl (2,1 fl oz) de zumo de naranja | 2 cl (0,67 fl oz) de zumo de limón

2 cl (0,67 fl oz) de zumo de lima *Rose's* | 1 cl (0,35 fl oz) de sirope de azúcar

➤ **Para decorar:**

1 rodaja de naranja

➤ **Además:**

cubitos de hielo

coctelera | tamiz de bar

vaso largo (25 cl –8,7 fl oz–)

1 pajita

1 | Para la decoración, hacer un corte en la naranja hasta el centro e insertarla en el borde del vaso largo.

2 | Verter todos los ingredientes con 4 cubitos en la coctelera. Cerrarla y agitar enérgicamente 20 seg.

3 | Pasar el contenido de la coctelera por el tamiz y echarlo en el vaso ya preparado con 3 cubitos. Servirlo con una pajita.

longdrink | clásico
Horse's Neck

PARA 1 BEBIDA

➤ 1 trozo de piel de limón

5 cl (1,7 fl oz) de *bourbon*

1 chorrito de angostura

Gingerale muy frío para rellenar

➤ **Además:**

cubitos de hielo

vaso largo (25 cl –8 oz–)

1 pajita

1 | Verter 3 cubitos y la piel del limón en el vaso largo. Agregar el güisqui y la angostura.

2 | Terminar de rellenar con *gingerale*. Remover brevemente la bebida y servirla con una pajita.

CONSEJO Para que este combinado aromático resulte más vistoso, quitar la piel al limón con un pelador, o cortar la piel en tiras largas y finas.

suave | aromático
Melisa

PARA 1 BEBIDA

- 2 ramitas de melisa

  2 cl (0,7 fl oz) de *cachaça*

  2 cl (0,7 fl oz) de zumo de limón

  ½ ct de azúcar

  1 rodaja de limón

  refresco de limón con gas para rellenar

  2 chorritos de sirope de frambuesa

- **Además:**

  hielo picado | mano de mortero

  vaso de güisqui (15 cl –5 fl oz–)

  1 pajita

1 | Lavar y desprender unas hojitas de melisa. Ponerlas con la *cachaça*, el zumo de limón y el azúcar en el vaso. Machacarlas un poco.

2 | Poner en el vaso la rodaja de limón y el hielo picado. Terminar de llenar con refresco de limón. Echar un chorro de sirope de frambuesa y servir con una pajita.

un clásico renovado
Julepe de aspérula

PARA 1 BEBIDA

- 5-6 ramitas de aspérula

  3 cl (1 fl oz) de *bourbon*

  2 ct de sirope de azúcar

  cava seco muy frío para rellenar

- **Además:**

  hielo picado | mano de mortero

  vaso largo (25 cl –8,4 fl oz–)

  1 pajita

🕐 Marinado: 2 h

1 | Poner la aspérula en el vaso largo y desmenuzarla un poco con la mano de mortero. Agregar el *bourbon* y dejar reposar el conjunto 2 h tapado.

2 | Introducir hielo picado en el vaso, agregar el sirope de azúcar y remover bien. Completar con cava y servir el cóctel con una pajita.

el favorito de Hemingway
Mojito

PARA 1 BEBIDA

- 4 cl (1 fl oz) de zumo de lima

  8-10 hojas de menta fresca

  2 ct de azúcar

  1 cl (0,35 fl oz) de sirope de azúcar

  6 cl (2 fl oz) de ron claro

  1 chorrito de agua mineral con gas

- **Además:**

  hielo picado | mano de mortero

  vaso de güisqui (15 cl –5 fl oz–)

  1 pajita

1 | Poner en el vaso el zumo de limón la menta, el azúcar y el sirope de azúcar. Machacar un poco la menta con la mano de mortero. Agregar el ron por encima y echar hielo picado en el vaso.

2 | Completar el combinado con agua mineral y remover de arriba abajo enérgicamente. Servir la bebida con una pajita.

veraniego | un clásico

Caipirinha

PARA 1 BEBIDA

➤ 1 lima

3 ct de azúcar de caña

6 cl (2 fl oz) de *cachaça*

➤ **Además:**

hielo picado

mano de mortero | vaso de güisqui (15 cl –5 fl oz–)

1 pajita

1 | Lavar la lima con agua caliente, secarla, cortarla en 4 trozos, volver a partirla por la mitad y echarla en el vaso. Agregar el azúcar. Desmenuzar bien la lima con la mano de mortero.

2 | Introducir el hielo picado en el vaso y verter la *cachaça*. Remover bien el conjunto y servir con una pajita.

➤ Sin alcohol: desmenuzar la lima con el azúcar como hemos indicado. Añadir 6 cl (2 fl oz) de néctar de maracuyá. Poner el hielo picado en el vaso y completar el combinado con agua mineral con gas, y mezclar bien.

refrescante | exótica

Kumpirinha

PARA 1 BEBIDA

➤ 5 *kumquats* (o «naranjas enanas»)

1 ct de azúcar de caña

4 cl (1,3 fl oz) de ginebra

2 cl (0,7 fl oz) de vermú blanco (p. ej., Martini blanco)

1 cl (0,35 fl oz) de licor de naranja (p. ej., Cointreau)

➤ **Además:**

hielo picado

mano de mortero

vaso de güisqui (15 cl –5 fl oz–)

1 pajita

1 | Lavar los *kumquats* con agua caliente, secarlos y cortarlos en finas rodajas, quitándoles las pepitas. Poner los *kumquats* en el vaso, agregar el azúcar de caña y desmenuzarlos un poco con la mano de mortero.

2 | Echar el hielo picado en el vaso, añadir el resto de los ingredientes y remover enérgicamente. Cortar una pajita por la mitad y servir la bebida con las dos pajitas.

afrutado | ácido

Pomme de cassis

PARA 1 BEBIDA

➤ ½ lima | 1 cl (0,35 fl oz) de sirope de azúcar

5 hojas de menta fresca

4 cl (1,3 fl oz) de vodka

2 cl (0,7 fl oz) de crema de *cassis* (licor de grosellas)

zumo de manzana para rellenar

➤ **Además:**

hielo picado | mano de mortero

vaso de cóctel grande (30 cl –10,1 fl oz–)

1 pajita

1 | Lavar la lima con agua caliente, secarla, cortarla en 12 trozos y echarla en el vaso de cóctel con el sirope de azúcar. Desmenuzar bien la lima con la mano de mortero. Lavar la menta, secarla, añadirla al conjunto y machacarla también.

afrutado | dulce

Blonde Strawberry

PARA 1 BEBIDA

- 50 g (2 oz) de fresas frescas o congeladas (3-4 piezas)
  4 cl (1,3 fl oz) de ron claro
  10 cl (3,4 fl oz) de zumo de piña
  2 cl (0,7 fl oz) de sirope de fresa
- **Además:**
  cubitos de hielo
  batidora eléctrica
  vaso de cóctel grande (30 cl –10,1 fl oz–)
  1 pajita

1 | Lavar las fresas, limpiarlas y cortarlas en trocitos (si son congeladas, dejar que se descongelen). Mezclar la fruta en la batidora eléctrica con el ron, el zumo de piña, el sirope de fresa y 3 cubitos. Batir hasta que los cubitos se hayan desmenuzado bien.

2 | Poner 3 cubitos en el vaso de cóctel. Agregar la mezcla de las fresas y el ron, y servir el combinado con una pajita.

shortdrink

Margarita

PARA 1 BEBIDA

- 4 cl (1,3 fl oz) de tequila blanco
  2 cl (0,7 fl oz) de licor de naranja (p. ej., Cointreau)
  2 cl (0,7 fl oz) de zumo de limón
- Para decorar:
  ¼ de limón
  sal (en un plato)
- **Además:**
  cubitos de hielo
  coctelera | tamiz de bar
  copa de cóctel (12 cl –4,2 fl oz–)

1 | Pasar ¼ de limón por el borde de la copa de cóctel y hundirlo después en un plato con sal. Retirar el exceso de sal con unos golpecitos en el vaso.

2 | Verter el tequila, el licor de naranja y el zumo de limón en la coctelera con 4 cubitos. Cerrarla y agitar enérgicamente unos 20 seg.

3 | Echar el contenido de la coctelera, pasándolo por el tamiz, en la copa de cóctel.

bebida de fiesta

Kiwi-lima

PARA 1 BEBIDA

- 1 trozo de kiwi pelado (60 g –2 ¼ oz–)
  5 cl (1,7 fl oz) de vodka
  5 cl (1,7 fl oz) de cava seco
  2 cl (0,7 fl oz) de zumo de lima Rose's
  1 ½ cl (0,5 fl oz) de sirope de azúcar
- **Además:**
  hielo picado
  batidora eléctrica
  vaso de cóctel grande (30 cl –10,1 fl oz–)
  1 pajita

1 | Cortar el kiwi en trocitos y echarlo en la batidora eléctrica con el vodka, el cava, el zumo de lima, el sirope de azúcar y 5 cs de hielo picado.

2 | Batir bien todo hasta obtener un puré del kiwi. Verter en el vaso de cóctel y servir con una pajita.

- Variante: para hacer un **Fresa-lima,** utilice 60 g (2,1 oz) de fresas frescas o congeladas.

estival | cremoso

Toscanello

PARA 1 BEBIDA

- ½ melocotón maduro
  1 cl (0,35 fl oz) de *bourbon*
  1 cl (0,35 fl oz) de licor de almendras (p. ej., Amaretto)
  2 cl (0,7 fl oz) de nata
  1 chorrito de sirope de granadina
- **Para decorar:**
  1 rodaja de melocotón
- **Además:**
  cubitos de hielo
  batidora eléctrica
  copa de cóctel (12 cl –4 fl oz–)

1 | Lavar ½ melocotón, secarlo, retirarle el hueso y cortarlo en trocitos. Ponerlo en la batidora eléctrica, añadiendo el *bourbon*, el Amaretto, la nata, la granadina y 3 cubitos. Batir todo hasta que los cubitos y el melocotón se hayan desmenuzado bien.

2 | Verter el contenido de la coctelera en una copa de cóctel y decorar el borde con una rodaja de melocotón.

digestivo e invernal

Sueños cremosos

PARA 1 BEBIDA

- 2 cl (0,7 fl oz) de licor de almendras (p. ej., Amaretto)
  2 ½ cl (0,84 fl oz) de zumo de manzana natural
  1 cl (0,35 fl oz) de nata
  ½ cl (0,16 fl oz) de sirope de vainilla
- **Para decorar:**
  ¼ de limón
  almendras molidas
- **Además:**
  cubitos de hielo
  coctelera | tamiz de bar
  copa de cóctel (12 cl –4 fl oz–)

1 | Para la decoración, pasar el borde de la copa por un cuarto de limón y hundirlo en las almendras molidas.

2 | Verter el Amaretto, el zumo de manzana, la nata y el sirope de vainilla con 4 cubitos en la coctelera. Cerrarla y agitar enérgicamente 20 seg.

3 | Verter el contenido de la coctelera en la copa, pasándolo por el tamiz. Servir la bebida inmediatamente.

digestivo | afrutado

Irish Summersun

PARA 1 BEBIDA

- 2 cl (0,7 fl oz) de Irish Cream (p. ej., *Baileys*)
  2 cl (0,7 fl oz) de licor de coco
  3 cl (1,05 fl oz) de zumo de naranja
  1 cl (0,35 fl oz) de nata
- **Además:**
  cubitos de hielo
  coctelera | tamiz de bar
  copa de cóctel (12 cl –4 fl oz–)

1 | Verter el Irish Cream, el licor de coco, el zumo de naranja y la nata con 4 cubitos en la coctelera. Cerrarla y agitar enérgicamente 20 seg.

2 | Verter el contenido de la coctelera en la copa, pasándolo por el tamiz. Servir el cóctel enseguida.

cremoso-afrutado

Melba Rumba

PARA 1 BEBIDA

➤ 50 g (2 oz) de frambuesas
3 cl (1,05 fl oz) de ron oscuro
3 cl (1,05 fl oz) de licor de naranja (p. ej., Cointreau)
3 cl (1,05 fl oz) de nata
6 cl (2 fl oz) de néctar de melocotón

➤ Además:
cubitos
batidora eléctrica
coctelera | tamiz de bar
vaso largo (25 cl –8 fl oz–)
1 pajita

1 | Lavar las frambuesas, limpiarlas, hacer con ellas un puré y verter en un vaso largo.

2 | Echar el ron, el Cointreau y el néctar de melocotón con 4 cubitos en la coctelera. Cerrarla y agitar enérgicamente 20 seg. Verter el conjunto en el vaso encima del concentrado de frutos rojos.

3 | Poner una pajita en el vaso y remover cuidadosamente en círculos hacia arriba y servir.

suave

Rayas de luz

PARA 1 BEBIDA

➤ 2 albaricoques maduros
3 cl (1,05 fl oz) de Galliano
3 cl (1,05 fl oz) de ron claro
2 cl (0,7 fl oz) de licor de naranja (p. ej., Cointreau)
3 cl (1,05 fl oz) de nata
6 cl (2 fl oz) de néctar de melocotón | 2 ct de sirope de granadina

➤ Además:
cubitos de hielo | batidora eléctrica | coctelera | tamiz de bar
vaso largo (25 cl –8 fl oz–)

1 | Lavar los albaricoques, retirarles el hueso y hacer con ellos un fino puré en la batidora.

2 | Verter el puré de albaricoques, el Galliano, el ron, el Cointreau, la nata y el néctar de melocotón en la coctelera junto con los cubitos. Cerrarla bien y agitar enérgicamente unos 20 seg.

3 | Echar el contenido de la coctelera en el vaso largo, pasándolo por el tamiz, sobre 3 cubitos. Como decoración, dejar caer la granadina en cuatro puntos del interior del vaso en forma de rayas.

un clásico renovado

Mango-colada

PARA 1 BEBIDA

➤ 1 trozo de mango pelado (30 g –1 oz–)
3 cl (1,05 fl oz) de ron blanco
3 cl (1,05 fl oz) de néctar de maracuyá
2 cl (0,7 fl oz) de néctar de mango
3 cl (1,05 fl oz) de leche de coco sin azúcar (de bote)
1 ½ cl (0,5 fl oz) de sirope de vainilla

➤ Además:
hielo picado | batidora eléctrica | vasos largos (25 cl –8 fl oz–)
1 pajita

1 | Echar el mango, el ron, el néctar de maracuyá y el de mango, la leche de coco y el sirope de vainilla en la batidora. Mezclar bien el conjunto

clásico | digestivo

Brandy Alexander

PARA 1 BEBIDA

➤ 4 cl (1,4 fl oz) de *brandy* (p. ej., Veterano)

3 cl (1,05 fl oz) de crema de cacao oscura

2 cl (0,7 fl oz) de nata

2 cs de nata batida

Una pizca de nuez moscada

➤ **Además:**

cubitos de hielo

coctelera | tamiz de bar

copa de cóctel (12 cl −4,2 fl oz–) | 1 pajita

1 | Verter el *brandy*, la crema de cacao, la nata montada y la líquida con 4 cubitos en la coctelera. Cerrarla y agitar enérgicamente unos 20 seg.

2 | Verter el contenido de la coctelera en la copa, pasándolo por el tamiz. Servir la bebida con nuez moscada rallada en el momento.

➤ Sin alcohol: poner en la coctelera 2 cl (0,7 fl oz) de crema de coco y 2 cl (0,7 fl oz) de sirope de chocolate, 3 cl (1,05 fl oz) de nata y 5 cl (1,75 fl oz) de leche junto con 4 cubitos; agitar bien y servir en una copa de cóctel.

digestivo | energético

Banana Coffee

PARA 1 BEBIDA

➤ 1 cl (0,35 fl oz) de vodka

1 cl (0,35 fl oz) de licor de café | 1 cl (0,35 fl oz) de nata

3 cl (1,05 fl oz) de néctar de plátano

½ cl (0,67 fl oz) de sirope de vainilla

➤ **Para decorar:**

3 rodajitas de plátano

un poco de zumo de limón

1 palito de cóctel

➤ **Además:**

cubitos de hielo

coctelera | tamiz de bar

copa de cóctel (12 cl −4 fl oz–)

1 | Para la decoración, rociar zumo de limón sobre unas rodajitas de plátano. Pincharlas en el palillo y reservar.

2 | Poner el vodka, el licor de café y el sirope de vainilla en la coctelera con 4 cubitos y agitar enérgicamente 20 seg.

3 | Verter el contenido de la coctelera en la copa, pasándolo por el tamiz. Disponer las rodajas de plátano en el borde de la copa y servir la bebida.

cremoso-fuerte

Café del monje

PARA 1 BEBIDA

➤ 1 ct de café exprés en polvo

2 cl (0,67 fl oz) de *brandy*

2 cl (0,67 fl oz) de licor de avellana (p. ej. Frangelico)

1 cl (0,35 fl oz) de crema de cacao blanca

1 cl (0,35 fl oz) de licor de café

5 cl (1,75 fl oz) de nata

cacao en polvo para espolvorear

➤ **Además:**

cubitos de hielo

coctelera | tamiz de bar

copa de cóctel (12 cl -4 fl oz-)

1 | Desleír el café en polvo en 1 cs de agua caliente. Poner en la coctelera junto con el *brandy*, el licor de avellana, la crema de caco, el licor de café, la nata y 4 cubitos. Cerrar la coctelera y agitar enérgicamente aproximadamente 20 seg.

2 | Verter el contenido de la coctelera en el vaso, pasándolo por el tamiz. Espolvorear el combinado con cacao en polvo.

Recetas para...
Los abstemios

Puro disfrute libre de alcohol...

Recetas rápidas

Pink Bananas

PARA 2 PERSONAS

➤ 1 plátano pequeño │ 1 cs de sirope de frambuesa │ 1 cs de miel │ 400 ml (14 fl oz) de leche │ 75 g (2,6 oz) de nata

1 │ Pelar el plátano y cortarlo en rodajas. Dejar aparte 2 para la decoración. Echar el plátano, el sirope de frambuesa, la miel y 200 ml (2,7 fl oz) de leche en una batidora de vaso o en un recipiente alto y triturarlo todo.

2 │ Verter la bebida en dos vasos grandes y añadir el resto de la leche.

3 │ Montar la nata e incorporarla a la bebida. Servirla con las rodajitas de plátano.

Blue Coconut

PARA 2 PERSONAS

➤ 4 naranjas │ 2 cs de sirope de *curaçao* (sin alcohol) │ 2 cs de sirope de coco (en su defecto 50 ml –1,7 fl oz– de leche de coco) │ 4 cubitos de hielo │ ¼ l (9 fl oz) de zumo de piña │ agua mineral helada

1 │ Partir las naranjas por la mitad y cortar dos rodajas del centro para la decoración. Exprimirlas (debería obtenerse aproximadamente ¼ l -9 fl oz- de zumo). Diluir bien ambos siropes con el zumo.

2 │ Echar los cubitos de hielo en dos vasos grandes, verter la mezcla de naranja y sirope e incorporar el zumo de piña.

3 │ Agregar agua mineral helada y decorar la bebida con las rodajas de naranja.

Batido de galletas

PARA 2 PERSONAS

➤ 60 g (2,1 oz) de bizcocho que se
  desmigajen (por ejemplo, *brownies*)
  100 g (3,5 oz) de nata | 1 cs de miel
  350 ml (11,8 fl oz) de leche | canela,
  clavo y cardamomo para espolvorear
  por encima

1 | Desmigajar las galletas con los dedos
y mezclarlas con la nata y la miel. Dejar
que las migas se empapen durante 5 min.

2 | Calentar la leche en un cazo, pero sin
que hierva. Agregar las migas de galleta
y batirlo muy bien. Verter en tazas o copas
y espolvorear por encima las especias.

Caliente y helado

PARA 2 PERSONAS

450 ml (15,2 fl oz) de leche
3 cs de miel | 3 cs de crema de almen-
dras | 1 pizca de canela en polvo
2 bolas de helado de vainilla
½ albaricoque en almíbar

1 | Triturar bien la leche, la miel
y la crema de almendras con la batidora
en una olla. Calentarlo sin que hierva.
Condimentarlo con la canela.

2 | Verter la leche en vasos o en copas,
y colocar 1 bola de helado de vainilla
en el centro de cada uno. De acuerdo
con las preferencias de cada uno, cortar
las mitades de albaricoque en rodajas y
decorar con ellas el batido.

afrutado | sabroso
Batido de fresa

PARA 2 PERSONAS

➤ ¼ kg (9 oz) de fresas
1 cs de azúcar de lustre
4 ramas de albahaca
1 ct de granos de pimienta verde, frescos o secos
350 ml (11,8 fl oz) de leche
1 ct de zumo de limón
1 cs de sirope de caramelo (o miel)

🕒 Elaboración: 30 min
➤ Aprox. 220 kcal por ración

1 | Lavar las fresas con cuidado y escurrirlas. Arrancarles los tallos o cortarlos. Picar las fresas y mezclarlas con el azúcar de lustre.

2 | Deshojar la albahaca, lavar las hojas y secarlas con papel de cocina, si es necesario. Triturar las fresas con la albahaca, la pimienta, la leche, el zumo de limón y el sirope de caramelo con la trituradora o la batidora. Verterlo todo en las copas.

refrescante | para disfrutar a cucharadas
Flip de frambuesa

PARA 2 PERSONAS

➤ 150 g (5 oz) de frambuesas congeladas
2 cs de coco rallado
200 ml (7 fl oz) de leche
120 ml (4 fl oz) de leche de coco
3 cs de azúcar de lustre
un poco de ralladura de limón

🕒 Elaboración: 5 min
➤ Aprox. 180 kcal por ración

1 | Reservar algunas frambuesas para más adelante. Triturar en la batidora el resto de las bayas sin descongelar con 1 cs de coco rallado, la leche y la leche de coco, así como el azúcar de lustre.

2 | Mezclar el resto del coco rallado con la ralladura de limón.

3 | Verter el *flip* de frambuesa en las copas y decorarlas con la mezcla de coco y limón, y con el resto de las frambuesas.

cremoso | suave
Batido de leche con cereza y chocolate

PARA 2 PERSONAS

➤ ¼ kg (9 oz) de cerezas jugosas y dulces o 200 g (7 oz) de guindas en conserva
50 ml (2 fl oz) de zumo de naranja
2 cs de cacao en polvo
2 cs de azúcar
300 ml (10,6 fl oz) de leche
chocolate de cobertura para decorar

🕒 Elaboración: 15 min
➤ Aprox. 300 kcal por ración

1 | Lavar las cerezas, quitarles el rabillo y los huesos. Desmenuzarlas con el zumo de naranja en la batidora o en la trituradora.

2 | Mezclar el cacao en polvo con el azúcar y 150 ml (5 fl oz) de leche y calentar hasta que el cacao se haya diluido. Dejar que se enfríe, triturarlo todo de nuevo con el puré de cereza y la leche restante. Verter en las copas y decorar con el chocolate.

Recetas para...
LOS ABSTEMIOS

suave | afrutado

Batido de zanahoria con cardamomo

PARA 2 PERSONAS

➤ 200 g (7 oz) de zanahorias
2 vainas de cardamomo
200 ml (7 fl oz) de zumo de manzana
150 g (5 oz) de nata agria
¼ l (9 fl oz) de leche | sal
pimienta recién molida
½ ct de cardamomo molido | piel de limón, cortada en juliana o en espiral

🕐 Elaboración: 35 min
➤ Aprox. 250 kcal por ración

1 | Pelar las zanahorias y cortarlas en rodajas finas. Cocerlas tapadas con las vainas de cardamomo y el zumo de manzana a fuego medio 20 min hasta que estén blandas.

2 | Triturar las zanahorias con el líquido, la nata agria y la leche en la trituradora o en la batidora. Condimentarlo con la sal, la pimienta y el cardamomo molido, verterlo todo en las copas. Decorar con la piel del limón.

para disfrutar
a cucharadas | cremoso

Batido de lima y aguacate

PARA 2 PERSONAS

➤ ½ aguacate | 1 lima
1 trozo pequeño de chile rojo
4 ramas de melisa
400 ml (14 fl oz) de leche
sal
1 pizca de comino estrellado en polvo

🕐 Elaboración: 10 min
➤ Aprox. 250 kcal por ración

1 | Pelar el aguacate y trocearlo. Lavar la lima con agua caliente, rallar su piel y exprimir el zumo. Picar fino el chile. Lavar la melisa, escurrirla y deshojarla. Reservar algunas hojas para la decoración.

2 | Triturar el aguacate con el zumo y la ralladura de lima, el chile, la melisa y la leche en la trituradora o en la batidora. Condimentarlo con la sal y el anís estrellado. Picar el resto de la melisa y decorar el batido con ella.

picante | refrescante

Batido de rúcula

PARA 2 PERSONAS

➤ 1 manojo grande de rúcula
1 cs de piñones
2 ct de alcaparras
¼ l (9 fl oz) de leche
200 g (7 oz) de nata ácida cremosa
sal | pimienta recién molida
ralladura de ½ limón

🕐 Elaboración: 15 min
➤ Aprox. 200 kcal por ración

1 | Lavar la rúcula y cortarle los tallos gruesos. Escurrirla y picarla en trozos gruesos.

2 | Triturar la rúcula con los piñones, las alcaparras, la leche y la nata agria en la trituradora o la batidora. Condimentarlo con la sal y la pimienta, y verterlo todo en las copas. Espolvorear por encima la ralladura de limón.

TRUCO En lugar de con la rúcula, pruebe este batido con perifollo, apio o perejil.

cremosa | para disfrutar
a cucharadas
Leche caliente
con plátano

PARA 2 PERSONAS
- 1 plátano
  1 cs de mantequilla
  2 cs de miel
  1 ct de zumo de limón
  400 ml (14 fl oz) de leche
  canela en polvo para
  espolvorear

🕐 Elaboración: 10 min
- Aprox. 260 kcal por ración

1 | Pelar el plátano y
partirlo por la mitad
longitudinalmente. Calentar
la mantequilla en una sartén.
Freír en ella las mitades de
plátano por cada lado a
fuego medio entre 2 y 3 min.
Mezclar la miel con el zumo
de limón y regar el plátano.
Reservar en caliente.

2 | Calentar la leche en un cazo,
sin dejar que hierva. Chafar
el plátano con el tenedor y
agregarlo a la leche. Batirlo
todo muy bien con la batidora,
y verterlo en tazas o en copas.
Esparcir la canela por encima.

afrutado | rico
en vitaminas
Batido de bayas
y adormidera

PARA 2 PERSONAS
- 30 g de adormidera recién
  molida | 400 ml (14 fl oz)
  de leche | 2 cs de azúcar
  100 g (4 oz) de bayas
  variadas (frambuesas,
  moras, fresas)
  2 ct de miel
  pimienta recién molida
  2 cs de nata montada

🕐 Elaboración: 15 min
- Aprox. 315 kcal por ración

1 | Llevar a ebullición la
adormidera con la leche y
el azúcar. Retirar del fuego
y dejar en infusión tapado
aproximadamente 10 min.

2 | Limpiar las bayas, lavarlas
si fuera necesario, y quitarles
el tallo. Triturarlas con la miel
con la batidora. Condimentar
con la pimienta.

3 | Verter la leche de
adormidera en tazas o en
copas, agregar con cuidado el
puré de bayas, y rematar con
un poco de nata montada.

reconfortante | aromático
Batido con
leche, naranja
y canela

PARA 2 PERSONAS
- 1 naranja
  2 terrones de azúcar
  450 ml (16 fl oz) de leche
  2 cs de sirope de arce
  (o miel) | 2 cs de mermela-
  da de naranja
  ½ ct de canela en polvo

🕐 Elaboración: 10 min
- Aprox. 195 kcal por ración

1 | Lavar la naranja con agua;
calentar y rallar la piel con los
terrones de azúcar sobre un
plato. De esta forma, la piel
de la naranja resulta más fina
que con el rallador.

2 | Mezclar la leche con el
sirope de arce, la mermelada
y la canela en una olla, y
calentarlo todo sin que
comience a hervir. Verter
la leche en copas o en tazas,
y repartir la piel de naranja
por encima. ¡Servirlo todo de
inmediato!

afrutado | ácido
Batido de escaramujo

PARA 2 PERSONAS

➤ 350 ml (11,8 fl oz) de leche
150 g (5 oz) de nata
2 cs de puré de escaramujo
1 cs de miel
nuez moscada recién rallada

🕐 Elaboración: 10 min
➤ Aprox. 395 kcal por ración

1 | Calentar la leche con la nata, pero sin que hierva. Agregar el puré de escaramujo, reservando una pequeña parte para más adelante. Endulzarlo con la miel.

2 | Verter la leche caliente en tazas, rociar con el resto del puré de escaramujo y hacer dibujos con un palillo de madera o el mango de una cuchara. Espolvorear con la nuez moscada y beberlo de inmediato.

especialidad de la India
Leche de cardamomo

PARA 2 PERSONAS

➤ 3 vainas de cardamomo
1 ct de hojas de té negro (p. ej., té de Ceylán)
1 trozo de piel de naranja (o piel de lima)
1/2 l (17fl oz) de leche | 4 ct de azúcar

🕐 Elaboración: 20 min
➤ Aprox. 110 kcal por ración

1 | Introducir las cápsulas de cardamomo en 1/4 l (9 fl oz) de agua en un cazo, llevar a ebullición y cocer 10 min a fuego medio. Retirar y dejar en infusión otros 10 min.

2 | Echar las hojas de té en una tetera precalentada. Añadir la infusión de cardamomo y la piel de naranja y dejar en infusión aproximadamente 3 min.

3 | Calentar la leche con el azúcar. Colar el té y verterlo en la leche. ¡Servirlo de inmediato!

picante | reconfortante
Té indio

PARA 2 PERSONAS

➤ 1 cs de mezcla de té india
1/4 l (9 fl oz) de leche | 50 g (2 oz) de nata
1/2 sobrecito de azúcar de vainilla

🕐 Elaboración: 25 min
➤ Aprox. 165 kcal por ración

1 | Hervir la mezcla de té con 1/4 l (9 fl oz) de agua. Cocer tapado a fuego lento 20 min.

2 | Colar el té y verterlo en la leche caliente. Montar la nata y agregarle el azúcar de vainilla. Servir el té indio en tazas. Rematar con la nata, repartiéndola con un palillo de madera o el mango de una cuchara, de modo que forme un remolino.

CONSEJO
También puede preparar usted mismo la mezcla de té moliendo 4 vainas de cardamomo, 4 granos de pimienta, 3 clavos, 1/2 rama de canela y 1 rodaja de jengibre.

agrio | estimulante
Cóctel de kiwi y pepino

PARA 2 PERSONAS

➤ 200 g (7 oz) de pepinos
2 kiwis
1 cs de albahaca recién picada | 300 ml (10,6 fl oz) de leche de soja
pimienta | tabasco al gusto

🕐 Elaboración: 10 min
➤ Aprox. 80 kcal por vaso

1 | Pelar los pepinos y trocearlos finamente. Partir los kiwis por la mitad y sacar la pulpa con una cuchara.

2 | Echar en una batidora de vaso los pepinos, los kiwis, la albahaca y la leche de soja, y batir todo bien. Condimentarlo con pimienta y tabasco, y verter el líquido en dos vasos grandes.

CONSEJO Esta bebida también se puede preparar con leche normal, pero en ese caso, es preciso beberla rápidamente porque los enzimas del kiwi harán que se ponga amarga.

muy condimentado | revitalizante
Zumo de tomate y zanahoria

PARA 2 PERSONAS

➤ 1 cs de semillas de sésamo
2 tomates
4 ramitas de tomillo fresco
$^1/_2$ l (9 fl oz) de zumo de zanahoria
200 ml (7 fl oz) de kéfir
sal
salsa Worcester

🕐 Elaboración: 10 min
➤ Aprox. 65 kcal por vaso

1 | Dorar las semillas de sésamo en una sartén antiadherente sin aceite. Escaldar los tomates, pelarlos, quitarles el pedúnculo y trocear la pulpa. Arrancar las hojas de tomillo.

2 | Batir bien los tomates con el tomillo y el zumo de zanahoria. Añadir el kéfir y diluirlo. Condimentar todo con sal y salsa Worcester.

3 | Humedecer el borde de los vasos con el zumo e impregnarlos con semillas de sésamo. Verter la bebida.

picante | energético
Kéfir rojo

PARA 2 PERSONAS

➤ 150 ml (5 fl oz) de zumo de remolacha roja
1 ct de rábano picante rallado (de bote)
300 ml (10,6 fl oz) de kéfir
pimienta negra recién molida
cilantro molido
10 ramitas de apio

🕐 Elaboración: 5 min
➤ Aprox. 50 kcal por vaso

1 | Mezclar bien el zumo de remolacha roja con el rábano picante. Incorporar el kéfir y removerlo enérgicamente hasta que la bebida quede cremosa. Condimentarla con pimienta y cilantro al gusto.

2 | Echar la bebida en 2 vasos altos e introducir 5 ramitas de apio en cada uno.

refrescante | picante
Leche verde de soja

PARA 2 PERSONAS

➤ 2 kiwis | 2 cs de zumo de limón

2 cs de mezcla de 8 hierbas (congeladas)

300 ml (10,6 fl oz) de leche de soja | 2 cs de copos de levadura

2 chorritos de salsa Worcester | sal | pimienta molida

2 ramitas de perejil plano u otras hierbas para la decoración

🕐 Elaboración: 10 min
➤ Aprox. 90 kcal por vaso

1 | Pelar los kiwis, cortarlos longitudinalmente en 4 partes y sacar el tronco blanco central. Trocear la pulpa.

2 | Batir los kiwis, el zumo de limón, la mezcla de hierbas, los copos de levadura y la leche de soja en una batidora de vaso o triturar todo bien con una batidora de pie.

3 | Condimentar la bebida con salsa Worcester, sal y pimienta, verterla en dos vasos grandes y decorarlos con las hierbas.

picante | áspero
Cóctel de arándanos y naranja

PARA 2 PERSONAS

➤ 2 naranjas

3 cs de arándanos rojos silvestres (de bote)

1 ct de rábano picante rallado (de bote)

400 ml (14 fl oz) de suero de mantequilla

sal

🕐 Elaboración: 5 min
➤ Aprox. 95 kcal por vaso

1 | Exprimir las naranjas y mezclar el zumo con los arándanos y el rábano.

2 | Diluir bien la mezcla de arándanos y naranja con suero de mantequilla y condimentarla con sal.

CONSEJO Si te gusta el picante, puedes añadir más rábano a la bebida.

suave | muy condimentado
Cóctel de tomillo y pepino

PARA 2 PERSONAS

➤ 1/4 kg (9 oz) de pepinos

1/4 de melón dulce

200 ml (7 fl oz) de suero de mantequilla

1 cs de tomillo picado

2 cs de zumo de lima | sal

pimienta recién molida

🕐 Elaboración: 10 min
➤ Aprox. 85 kcal por vaso

1 | Cortar a lo largo 2 rodajas finas de pepino y dejarlas aparte. Pelar el resto de los pepinos y trocearlos. Quitar las pepitas al melón, pelarlo y trocear finamente la pulpa.

2 | Batir todo junto con el suero de mantequilla, el tomillo y el zumo de lima en una batidora hasta conseguir una mezcla cremosa.

3 | Salpimentar la bebida y verterla en 2 vasos. Formar con las rodajas de pepino un acordeón y echarlo en las bebidas.

afrutado | chispeante

Kéfir de fresa

PARA 2 PERSONAS

- 200 g (7 oz) de fresas
  200 g (7 oz) de arándanos
  1/4 l (9 fl oz) de kéfir
  2 ct de puré de almendras
  1 bolsita de azúcar de vainilla
  agua mineral

🕐 Elaboración: 15 min
➤ Aprox. 165 kcal por vaso

1 | Lavar las fresas, escurrirlas, quitarles el pedúnculo y partirlas por la mitad. Lavar los arándanos y limpiarlos.

2 | Batir el kéfir, el puré de almendras y el azúcar de vainilla en una batidora de vaso o triturar todo con una batidora de pie hasta conseguir una bebida cremosa.

3 | Verterla en dos vasos altos y añadir agua mineral al gusto.

aterciopelado | estimulante

Moras con nata

PARA 2 PERSONAS

- 150 g (5 oz) de moras
  1/4 l (9 fl oz) de kéfir
  200 ml (7 fl oz) de zumo de saúco
  1/2 ct de canela en polvo
  100 g (4 oz) de nata
  2 ct de azúcar en polvo
  2 ramitas de canela largas

🕐 Elaboración: 10 min
➤ Aprox. 270 kcal por vaso

1 | Lavar las moras, limpiarlas y escurrirlas bien. Batirlas con el kéfir, el zumo de saúco y la mitad de la canela en una batidora de vaso o triturar todo con una batidora de pie hasta que quede cremoso.

2 | Montar la nata, añadir el azúcar en polvo y volver a batir todo brevemente.

3 | Verter la bebida de moras en dos vasos grandes, poner la nata encima y espolvorearla con la canela restante. Introducir las ramitas de canela en los vasos como decoración.

refrescante | ligero

Suero de mantequilla con vainilla

PARA 2 PERSONAS

- 1 nectarina madura | 100 g (4 oz) de albaricoques maduros
  1 bolsita de azúcar de vainilla
  1 cs de zumo de limón
  1/2 l (17 fl oz) de suero de mantequilla
  2 bolas grandes de helado de vainilla | canela en polvo al gusto

🕐 Elaboración: 10 min
➤ Aprox. 165 kcal por vaso

1 | Pelar la nectarina y quitarle el hueso. Lavar los albaricoques y quitarles el hueso. Trocear bien las frutas.

2 | Triturar las frutas con azúcar de vainilla, zumo de limón y un poco de suero de mantequilla. Remover todo con el suero restante.

3 | Echar las bolas de helado en dos vasos grandes y verter encima el suero con frutas. Rociar la bebida con canela.

suave | estimulante
Hot Mint

PARA 2 PERSONAS

➤ ½ l (17 fl oz) de leche

3 ramitas de menta fresca

10 láminas de chocolate
con menta (p. e., After
Eight)

1 cs de azúcar

100 g (4 oz) de nata

2 ct de ralladura
de chocolate

⊙ Elaboración: 10 min

➤ Aprox. 510 kcal por vaso

1 | Hervir la leche con 1 ramita
de menta. Añadir el chocolate
con menta y remover todo
utilizando unas varillas.
Endulzarlo con azúcar al
gusto.

2 | Echar una ramita de
menta en cada una de las dos
copas de ponche y verter la
leche con menta caliente.

3 | Montar la nata y agregar
una bolita a la bebida. Rociarla
con ralladura de chocolate
antes de servir la bebida.

afrutado | aterciopelado
Hot Plums

PARA 2 PERSONAS

➤ 100 g (4 oz) de ciruelas
secas deshuesadas

1 trozo de canela en rama
(5 cm –1,97 pulgadas–)

½ l (17 fl oz) de zumo
de ciruela

1 bolsita de azúcar
de vainilla

½ ct de pimienta
de Jamaica

2 cs de zumo de limón

⊙ Preparación: 15 min sin
tiempo de enfriamiento

➤ Aprox. 235 kcal por vaso

1 | Cortar las ciruelas en
tiras finas y echarlas en un
pequeño cuenco con la
canela. Añadir agua hirviendo
y dejarlo en reposo 4 h.

2 | Hervir el zumo de ciruela
con azúcar de vainilla y
pimienta de Jamaica. Sacar
la canela del cuenco con las
ciruelas en remojo. Triturar
las ciruelas, calentarlas en
el zumo y batirlas con unas
varillas hasta que la mezcla
quede espumosa.

3 | Aderezarla con zumo de
limón y servirla caliente en
vasos previamente calentados.

CONSEJO

Hot Spicy Chocolate

La menta no es el único acompañamiento ideal para el chocolate. Vale la pena ensayar una combinación de aromático
tomillo y chocolate amargo blando (si lo prefieres, puede
estar relleno, p.e., de *nougat*). Para ello, calentar a fuego
lento ½ l (17 fl oz) de leche con 1 ramita de tomillo, incorporar ½ tableta de chocolate. Diluirla y endulzar la mezcla con
azúcar si lo deseas. Echar 1 ramita de tomillo en cada una de
las 2 tazas o recipientes que se utilicen y verter el chocolate
caliente. Una bolita de nata tampoco está de más.

Índice

general y alfabético

ÍNDICE GENERAL

Autores

Sebastian Dickhaut: págs. 8, 9, 11, 13, 15, 17, 19 y 21
Marlisa Szwillus: págs. 22, 25, 28, 30, 32, 35 y 36
Petra Schurk: págs. 29, 39, 40, 42 y 44
Christina Kempe: págs. 48, 50, 52, 54 y 56
Reinhardt Hess: págs. 49, 58, 60, 62, 64, 68, 83 y 84
Erika Casparek-Türkkan: págs. 71 y 73
Cornelia Schinharl: págs. 69, 74, 76, 229, 231, 233, 235 y 237
Thidavadee Camsong: págs. 79 y 80
Gudrun Ruschitzka: págs. 89, 90, 93, 94 y 96
Peter Lüffe: págs. 79 y 80
Margit Proebst: págs. 88, 99, 100, 102, 104, 168, 179, 180, 182 y 184

Sabine Sälzer: págs. 108, 109, 110, 112, 115, 116, 118, 120, 123 y 124
Gina Greifenstein: págs. 129, 130 y 133
Anette Heisch: págs. 128, 134 y 136
Sabine von Imhoff: págs. 139 y 141
Dagmar v. Cramm: págs. 143 y 144
Bettina Matthaei: págs. 148, 149, 150, 153, 155, 157, 159, 160, 163 y 165
Friedrich Bohlmann: págs. 169, 170, 172, 174 y 176
Claudia Schmidt: págs. 190, 192, 195 y 196
Volker Eggers: págs. 188, 189, 198, 200, 202 y 204
Alessandra Redies y Tanja Dusy: págs. 208, 209, 210, 212, 214, 216, 219, 221, 222 y 224
Doris Muliar: págs. 228, 239, 241, 243 y 245

ABREVIATURAS

cs = cucharada sopera
ct = cucharadita de té
oz = onza
fl oz = onza fluida
g = gramo
kcal = kilocalorías
kg = kilogramo
l = litro
ml = mililitros
lb = libra
h = hora
min = minuto
seg = segundo

Atención

Los grados de temperatura de los hornos varían de un fabricante a otro. Para comprobar las posibles correspondencias, consulte las instrucciones de su horno.

Fotografías

Kai Mewes: págs. 5, 6, 7, 8, 9, 10, 12, 14, 16, 18, 20, 23, 24, 26, 27, 28, 29, 31, 33, 34, 37, 129, 131, 132, 133, 166, 167, 168, 171, 173, 175, 177, 186, 187, 188, 189, 199, 201, 203, 205, 206, 207, 208, 209, 210, 212, 214, 216, 218, 220, 223, 225, 226, 227, 228, 229, 230, 232, 234, 236, 238, 240, 242 y 244
Susie M. y Pete A. Eising: págs. 38, 41, 43, 45, 246 y 247
Jörn Rynio: págs. 4 (arriba), 46, 47, 48, 49, 51, 53, 55, 57, 59, 61, 63, 65, 66, 67, 69, 75, 77, 78, 81, 88, 99, 100, 103, 105, 106, 107, 108, 109, 111, 113, 115, 117, 119, 121, 122 y 125
Reiner Schmitz: págs. 70, 71 y 72
Brigitte Sauer: págs. 4 (abajo), 68, 82, 85, 128, 135 y 137
Michael Brauner: págs. 86, 87, 89, 91, 92, 94, 95, 97, 138, 140, 191, 194,195 y 197
Michael Boyny: págs. 2, 126, 127, 142, 143, 145, 168, 178, 181, 183 y 185

EDICIÓN ESPECIAL AUTORIZADA

G|U © Gräfe und Unzer GmbH y EDITORIAL EVEREST, S. A.
Carretera León-La Coruña, km 5 - LEÓN
ISBN: 978-84-441-2136-9
Depósito Legal: LE: 62-2012
Printed in Spain - Impreso en España

EDITORIAL EVERGRÁFICAS, S. L.
Carretera León-La Coruña, km 5
LEÓN (ESPAÑA)

www.everest.es
Atención al cliente: 902 123 400

GLOSARIO DE TÉRMINOS

España	Latinoamérica	En inglés
Albaricoque	Durazno, damasco	Apricot
Alubia blanca	Judía blanca, haba blanca	Beans
Beicon	Tocino de puerco, panceta, tocineta	Bacon
Cacahuete	Cacahuate, maní	Peanut
Calabacín	Calabacita, calabaza, zapallito	Zucchini
Callo, morro	Mondongo	Tripe
Cochinillo	Lechón, cochinita, cerdito	Piglet
Crepes	Crepas, panqueque, arepas	*Crêpe*
Dulce, membrillo	Ate, dulce de cereza	Quince
Entremés	Botana, copetín, entremeses	*Hors d´oeuvre*
Especias diversas	Recaudo	Spice
Filete	Escalopa, bife, biftec	Steak
Fresa	Frutilla	Strawberry
Gamba	Camarón	Schrimp
Guisante	Chícharo, arveja, habichuelas	Pea
Helado	Nieve, mantecado	Ice-cream
Judía verde	Ejote, chaucha	String bean
Maíz	Elote, choclo	Corn
Melocotón	Durazno	Peach
Nata	Crema de leche, crema doble, natilla	Cream
Patata	Papa	Potato
Pavo	Guajolote	Turkey
Pimiento verde	Ají	Pepper
Plátano	Plátano macho, banana, guineo	Banana
Salpicón	Ceviche, ceviche criollo	
Salsa	Aliño, mole	Sauce
Sésamo	Ajonjolí	Sesame
Setas	Hongos, mushrooms	Mushrooms
Tomate rojo	Jitomate, tomate	Tomato
Tortilla	Torta, omelette, omellete	Omelet
Zumo	Jugo, néctar	Juice

TABLAS DE EQUIVALENCIAS Y CONVERSIONES

PESO

Sistema métrico	Sistema anglosajón
30 g	1 onza (oz)
110 g	4 oz (¹/₄ lb)
225 g	8 oz (¹/₂ lb)
340 g	12 oz (³/₄ lb)
450 g	16 oz (1 lb)
1 kg	2,2 lb
1,8 kg	4 lb

CAPACIDAD (líquidos)

ml	fl oz (onzas fluidas)
30 ml	1 fl oz
100 ml	3,5 fl oz
150 ml	5 fl oz
200 ml	7 fl oz
500 ml	17 fl oz
1 l	35 fl oz

LONGITUD

pulgadas	equivalente métrico
1 pulgada	2,54 cm
5 pulgadas	12,70 cm
10 pulgadas	25,40 cm
15 pulgadas	38,10 cm
20 pulgadas	50,80 cm

TEMPERATURAS (Horno)

°C	°F	Gas
70	150	¹/₄
100	200	¹/₂
150	300	2
200	400	6
220	425	7
250	480	9